DON BOSCO
VERLAG

Josef Hederer

Umwelterziehung

Reihe: Die Kindertagesstätte
Grundlagen - Inhalte - Methoden
Hrsg. von Josef Hederer

DON BOSCO VERLAG

Die Deutsche Bibliothek – CIP-Einheitsaufnahme

Hederer, Josef:
Umwelterziehung / Josef Hederer.
- 1. Aufl. - München : Don-Bosco-Verl., 1992
(Reihe: Die Kindertagesstätte)
ISBN 3-7698-0692-1

1. Auflage 1992/ISBN 3-7698-0692-1

Umschlaggestaltung: Felix Weinold, Schwabmünchen
Geschichten und Zeichnungen: Elizabeth Hederer, Haag
Satz: Salesianer-Druckerei, Ensdorf/Opf.
Druck- und Bindearbeiten: Buchdruckerei Gebr. Bremberger, München

Dieses Buch wurde gedruckt auf chlorarm gebleichtem, umweltfreundlichem Papier.

Inhalt

Vorwort

Der vorliegende Text wendet sich an alle, die mit Kindern im vorschulischen Bereich arbeiten, und will in die aktuelle Problematik der Umwelterziehung einführen. Dabei sollen sowohl grundsätzliche Ansätze eines umweltpädagogischen Denkens als auch konkrete Hinweise für die Praxis aufgezeigt werden.

So wurde bei der Grundlegung der pädagogischen Ziele auf eine streng geisteswissenschaftliche Argumentation und Ableitung bewußt verzichtet. Trotzdem sollte die Gedankenführung einsichtig und plausibel zum Ausdruck kommen. Oberstes Ziel war es, die prinzipielle Offenheit und die Bereitschaft des Erziehers darzustellen, sich auf die gemeinsame Suche nach neuen Lösungen einzulassen. Dies bedeutet für den Erzieher, daß er in seiner ganzen Persönlichkeit gefordert ist und nicht auf Rezepte zurückgreifen kann.

In diesem Zusammenhang ist schließlich der Begriff der „Ökologischen Verantwortung“ als Zielvorstellung zu verstehen. Umwelterziehung kann nicht bedeuten, lediglich Wissensinhalte, beispielsweise über Müllsortierung, zu vermitteln, sondern sie muß bemüht sein, durch direktes Erleben die emotionale Beziehung zu unserem Lebensraum zu ermöglichen. Nur die Verbindung von Emotion und Wissen erlaubt es, daß wir in unserem Handeln den ökologischen Anforderungen wieder Rechnung tragen.

Beispielhaft werden verschiedene didaktische Möglichkeiten vorgeführt und auf ihren Einsatzbereich hin untersucht. Der Schwerpunkt der praktischen Ausführungen liegt daher nicht in der thematisch vollständigen Behandlung ökologischer Problemkreise, sondern im Verdeutlichen der Ansatzpunkte und Wege, die vom Erzieher eingeschlagen werden können.

Umwelterziehung als dringliche Aufgabe unserer Zeit

Bedrohte Welt

Angesichts der wachsenden Umweltprobleme besteht heute kein Zweifel mehr, daß es gewaltiger Anstrengungen bedarf, um unsere Lebensgrundlagen zu erhalten. Die systematische Zerstörung und Verschmutzung von Luft, Wasser und Boden füllt die Schlagzeilen der Zeitungen.
Untersuchungen und Meinungsumfragen zeigen, daß immer größere Teile der Bevölkerung diese Bedrohungen wahrnehmen und sich Sorge um die Zukunft unserer Kinder machen. Es scheint, daß die Zeiten des ungetrübten Lebens im Wohlstand endgültig vorbei sind. Das lange vorherrschende Ziel von unbegrenztem quantitativen Wachstum und Konsum muß aufgrund der drängenden ökologischen Krise überdacht und neu definiert werden.

Zukunftsorientierte Erziehung

In dieser Diskussion ist gerade der Erzieher, der sich ja berufsmäßig mit der Zukunft, nämlich mit unseren Kindern, befaßt, besonders gefordert. Die Erziehung als entscheidender Träger der Überlieferung unseres Kulturgutes muß sich entscheiden, was sie als wünschenswerte Ziele an die nächste Generation weitergeben möchte. Genau an diesem Punkt liegt das grundsätzliche Problem jeglicher Umwelterziehung. Einerseits befinden wir uns noch in einer Situation, in der wir entsetzlichen Raubbau an der Natur betreiben, andererseits sind wir uns dessen schon bewußt geworden und versuchen Änderungen herbeizuführen. Wie läßt sich nun dieser Widerspruch für Kinder, zumal diese an der Zerstörung der Umwelt keine Schuld tragen, auflösen oder zumindest verständlich machen? Hierfür einige Richtlinien und Beispiele aufzuzeigen, ist Aufgabe dieses Buches.

Ende der Erwachsenenallmacht

Wie bereits deutlich geworden ist, kann es kein Patentrezept für eine Umwelterziehung geben, da wir uns noch im Zustand des Suchens nach besseren Lösungen befinden. Wir sind erst dabei, die Probleme unseres bisherigen Denkens und unserer Wertvorstellungen wahrzunehmen und zu korrigieren. Wohin diese Suche führen wird, ist noch völlig ungewiß. Für den Erzieher bedeutet dies, daß er in seiner Rolle den Kindern gegenüber auch nicht mehr mit der gewohnten Selbstsicherheit auftreten kann, sondern sich offen einlassen muß auf die zu bewältigenden Probleme. Er kann gar nicht mehr das Bild des allmächtigen Erwachsenen glaubhaft übermitteln angesichts der vielen

Ungereimtheiten, denen das Kind täglich begegnet. Vielmehr ist es nötig zu zeigen, welche Überlegungen und Gefühle ihn selbst beschäftigen und wie er versucht, in seinen Handlungen Verbesserungen zu erreichen.
Um diese abstrakten Forderungen wieder auf den Boden der Erzieherrealität zu bringen, sollen zunächst noch einige grundsätzliche Überlegungen zu möglichen Zielen und Aufgaben der Umwelterziehung dargestellt werden, um diese dann an praktischen Beispielen zu veranschaulichen.

Voraussetzungen und Ansätze einer Umwelterziehung

Ganzheitlich denken

Als erster Schritt ist es notwendig, sich Gedanken über unser momentanes Verhältnis zur Natur und zur Umwelt zu machen und zu überlegen, an welchen Stellen Ansatzpunkte zum Anknüpfen zu sehen sind und wo wir kritisch nachfragen müssen. In der heutigen Diskussion zur Umwelterziehung erscheint immer wieder der Leitbegriff der Ganzheitlichkeit bzw. des ganzheitlichen Denkens. Dahinter steckt die Kritik an einem einseitigen Ursache-Wirkungsdenken, das andere Faktoren in den Hintergrund schiebt. Ein vieldiskutiertes Beispiel zeigt die Medizin: Dem auf ein bestimmtes Körperteil spezialisierten Facharzt, der für andere mögliche Einflüsse der Erkrankung nicht zuständig ist, steht die Erkenntnis gegenüber, daß in vielen Fällen erst die ganzheitliche Betrachtung des Organismus in seiner Lebenswelt zu einer wirklichen Erfassung der Ursachen führen kann.
Wurde in der Vergangenheit das Spezialistentum und das Sezieren der Realität in viele Teilbereiche beinahe zur Perfektion getrieben, so ist heute der Mut zu einer ganzheitlichen Sichtweise von größter Bedeutung. Natürlich darf niemand dem Mißverständnis unterliegen, daß wir unsere Umwelt ganzheitlich erfassen könnten. Zu viele Faktoren, die berücksichtigt werden können, spielen eine Rolle. Wir können lediglich versuchen, einen Gegenstand in seiner Eingebundenheit in die Umwelt zu verstehen. Ganzheitlichkeit der Betrachtung ist eine idealisierte Zielvorstellung, die der Erkenntnis der Vernetztheit eines Gegenstandes in seine Umwelt Rechnung tragen will. Die Begriffe Vernetztheit und Ganzheitlichkeit, heute beinahe zu Modewörtern abgesunken, sollen zum Ausdruck bringen, wie vielseitig die Wirkungen eines Eingriffs in die Realität sind.

Beispiel einer Vernetzung

Folgendes Beispiel soll dies veranschaulichen:
Bei der Betrachtung der sozialen Beziehungen eines Kindes zu seiner näheren Umwelt läßt sich feststellen, daß zu jedem Partner eine andere Beziehung

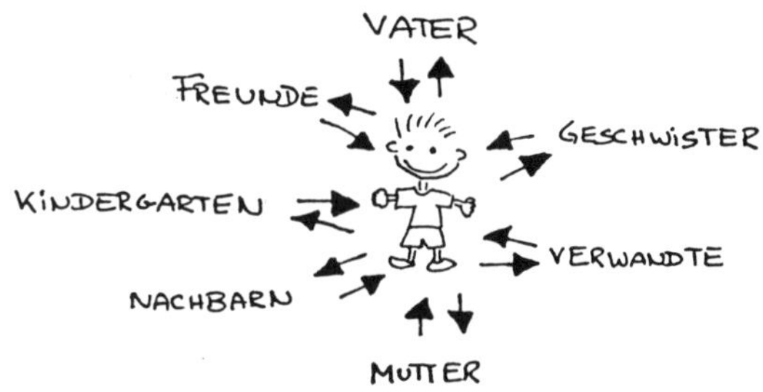

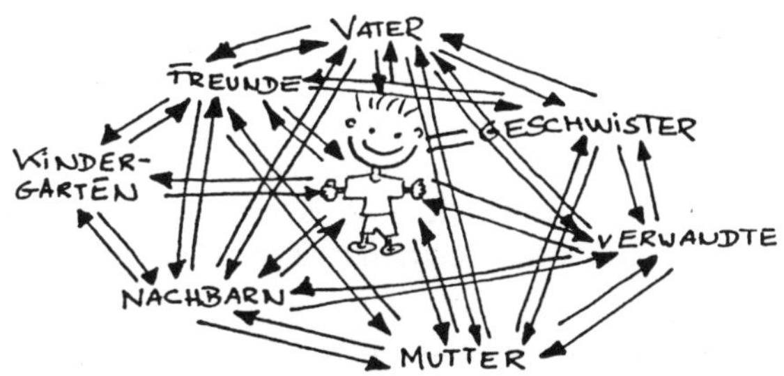

mit jeweils speziellen Verhaltensweisen besteht. So wird sich das Verhältnis zur Mutter anders gestalten als das zur Schwester. Zwischen diesen Beziehungen bestehen wiederum die verschiedensten Wechselwirkungen. Hat das Kind Schwierigkeiten mit der Erzieherin, so wird das auch Einfluß auf das Verhältnis zu den Eltern haben. Des weiteren bestehen natürlich auch noch Kontakte zwischen der Erzieherin und den Eltern oder zwischen der Erzieherin und den Freunden des Kindes. Wollte man alle diese Beziehungen graphisch verdeutlichen, so würde ein dichtes Netz entstehen, welches kaum mehr nachvollziehbar wäre.
Dieses Beispiel sollte nur andeuten, was mit Vernetztheit und ganzheitlicher Betrachtung gemeint ist, und daß wir uns bestenfalls bemühen können, eine gewisse Vielseitigkeit von Wirkungen zu erfassen.

Konsequenzen ganzheitlich-ökologischer Betrachtung

Welche Folgen diese ganzheitliche oder ökologische Betrachtung für die Umwelterziehung hat und welche Zielvorstellungen sich daraus ergeben, soll nun dargestellt werden.
Die Einsicht über die Vernetztheit von Elementen eines Systems macht es schwieriger, Entscheidungen zu treffen, und verlangt ein zunehmendes Maß an Verantwortung. Ein Beispiel dafür bietet das Ökosystem Wald: Die Forst-

wirtschaft hatte früher das Ziel der Holzerzeugung sehr einseitig durch das Anpflanzen von Fichtenmonokulturen verfolgt. Denkt man heute an die vielen negativen Auswirkungen einer derart einseitigen Überlegung, so wird schnell klar, was es heißt, die Beziehungen innerhalb eines bestimmten Systems zu berücksichtigen. Es geht also darum, die Folgen des eigenen Handelns auf einer breiten Basis vorauszudenken und zu reflektieren. Als oberstes Leitziel einer Umwelterziehung soll daher die Bereitschaft zur Verantwortung* gesetzt werden.

Leitziel: Ökologische Verantwortung

Ausgehend von dem Begriff der „Ökologischen Verantwortung", den ich in Anlehnung an die Ausführungen von Gerhard Mertens und Horst Siebert gewählt habe, soll im folgenden gezeigt werden, was darunter zu verstehen ist und wie dieses Ziel in der Praxis verwirklicht werden kann. Um Verantwortung zeigen zu können, ist es notwendig, mehrere Bedingungen zu erfüllen:

Sachwissen

Ohne das Wissen und die Kenntnis von Vorgängen in der Natur ist es nicht möglich, überhaupt Probleme zu erkennen oder eine gefühlsmäßige Bindung zur Natur zu empfinden. Das Wissen soll hier nicht als Selbstzweck, wie es manchmal in der Schule scheinen mag, betrachtet werden, sondern als Grundlage zum Verständnis der ökologischen Zusammenhänge. Oft genügen einige Hinweise, um bei Kindern eine Flut von Fragen auszulösen, weil sie die Hintergründe interessieren. Diese natürliche Neugier sich zunutze zu machen, ist, gerade im Bereich der Umwelterziehung, wo es ja um unsere direkte Erfahrungswelt geht, von besonderer Bedeutung.

Beim Beobachten von Experimenten werden einfache Zusammenhänge sichtbar, und das dabei erworbene Wissen läßt sich auf größere Maßstäbe übertragen. Wir können zur Natur erst eine intensive Beziehung gewinnen, wenn wir uns die Zeit nehmen, uns mit ihr zu beschäftigen. Die Tatsache, daß ein Kind heute mehr Automarken kennt als Blumenarten, gibt Auskunft über unser Verhältnis zur Natur.

---

* Vgl. hierzu: Mertens, G.: Umwelterziehung. Eine Grundlegung ihrer Ziele, Paderborn 1989
Michelsen, G./Siebert, H.: Ökologie lernen, Frankfurt/M. 1985

Emotionale Verbundenheit

Die Achtung vor anderen Lebewesen kann erst entstehen durch das Wissen um sie. Durch die intensive Auseinandersetzung mit einem bestimmten Lebensraum bauen wir mit den Kindern eine emotionale Beziehung zu den Bewohnern dieses Biotopes auf. Die dann entstehende Wertschätzung vor einem zuerst gar nicht wahrgenommenen Lebewesen und die Kenntnis seiner Eingebundenheit in das Gesamtsystem macht Respekt und Verantwortung möglich. Unsere eigenen Eingriffe in ein Ökosystem sehen wir dann mit anderen Augen, weil wir eine Beziehung zu diesem Lebensraum aufgebaut haben, in der die Auswirkungen unseres Handelns auch uns berühren.

Bereitschaft zur Reflexion

Diese Bereitschaft ergibt sich aus emotionaler Verbundenheit und Sachwissen. Eigenes Handeln kritisch zu überprüfen, gehört hier ebenso dazu wie auch die Fähigkeit, Informationen zu hinterfragen und nicht gleich blindlings zu übernehmen. Für den Erzieher heißt dies, daß er in seinem Auftreten deutlich machen muß, wo die Grenzen seines Wissens liegen, und nichts von den Kindern geschluckt werden muß. Nachfragen und Weiterspinnen von Gedanken regen die Bereitschaft zur Reflexion an. Dieses Nachdenken ist auch der Schlüssel für neue Lösungen und Handlungsweisen.

Bereitschaft zum Handeln

Hiermit ist ein wesentlicher Punkt der Umwelterziehung angesprochen. Aktives Handeln, das auf der Grundlage von reflektiertem Wissen und emotionaler Verbundenheit ruht, ist notwendig, um tatsächliche Verbesserungen zu erreichen. Der einzelne greift durch sein Verhalten und sein Beispiel direkt in die Realität ein. Bei der Planung und Durchführung unserer Umwelterziehung ist es unumgänglich, darauf zu achten, daß sich Möglichkeiten zum konkreten Handeln bieten. Zu warnen ist vor dem bloßen Erzeugen von Betroffenheit, da diese angesichts der Größe der Probleme eher zu Passivität führt. Die Haltung „Ich kann ja eh nichts ändern" liegt zwar bei einer globalen Betrachtung der Weltprobleme sehr nahe, ist aber für eine Umwelterziehung, die sich auf den Nahbereich und die direkte Erfahrungswelt der Kinder bezieht, nicht tragbar. Der einzelne kann nicht mit Hinweis auf seine Machtlosigkeit aus seiner ökologischen Verantwortung entlassen werden, sondern die Ermutigung zum Handeln ist die Grundlage für die Umwelterziehung.

Zusammenfassung

Damit ist das Fundament einer Erziehung zu ökologischer Verantwortung, das heißt zu einer Verantwortung sich selbst und der Umwelt gegenüber, gelegt. Ausgehend von der Einsicht in die Notwendigkeit einer möglichst ganzheitlichen Sicht unter Berücksichtigung der Vernetztheit der Beziehungen, wurden Elemente gezeigt, die der Begriff „Ökologische Verantwortung" umfaßt. Diese grundsätzlichen Überlegungen bilden die Richtschnur für das weitere Vorgehen. Jeder praktische Vorschlag muß sich daran messen lassen, inwieweit er dazu beiträgt, die Sensibilität und das Verantwortungsgefühl für die Umwelt zu stärken. Der Begriff Umwelt umfaßt in dieser ganzheitlichen Sichtweise einen sehr weiten Bereich: Soziale Umwelt, belebte und unbelebte Natur sind die Komponenten, denen wir verantwortlich gegenüberstehen, die aber ihrerseits auch unser Denken und Fühlen beeinflussen, da wir ein Teil dieses Systems sind. Diese Zusammenhänge sollten bei der nun folgenden Betrachtung der Umwelterziehung im engeren Sinn mit bedacht werden.

Vorüberlegungen bei der Planung

Wer sich mit der Erziehung einer bestimmten Zielgruppe befaßt, sollte sinnvollerweise die jeweils speziellen Voraussetzungen dieser Gruppe analysieren und eine Bestandsaufnahme machen. Folgende Aspekte sollten dabei berücksichtigt werden:

Entwicklungspsychologische Voraussetzungen der Altersklasse

Die für den Kindergarten relevante Altersgruppe befindet sich aus entwicklungspsychologischer Sicht in einer Phase des Umbruchs. Während das Kind in den ersten Lebensjahren hauptsächlich damit beschäftigt ist, seinen Körper gebrauchen zu lernen, und erste soziale Kontakte meist auf die Familie beschränkt sind, tritt es nun aus der Zweierbeziehung von Mutter und Kind aus und stößt auf vielfältige Entwicklungsaufgaben. Erste einfache soziale Beziehungen außerhalb der Familie entstehen und damit die Notwendigkeit zu einer stärkeren Differenzierung des Verhaltens, da jede Beziehung eine eigene Qualität besitzt. Die Verhaltensweisen gegenüber dem Spielkamerad A sind anders als zu B. Ebenso entwickeln sich gedankliche Modelle über die Realität, und es entsteht ein Bewußtsein über „richtig“ und „falsch“. Das Kind beginnt, sich seine Umwelt zu eigen zu machen, zu erfassen und zu verstehen.
Diese Aufzählung soll nur zeigen, daß gerade dieses Alter die vielleicht weichenstellenden Kontakte zur Umwelt bringt und dadurch grundlegende Einstellungen zur Welt angelegt werden. Hierin liegt die besondere Bedeutung und Verantwortung der Kindergartenerziehung.
Der Umgang mit der Natur ist für die meisten Kinder noch etwas vollkommen Neues, und sie treten unbelastet den beobachteten Phänomenen gegenüber. Mit zunehmendem Alter sind vorgefertigte Einstellungen, wie zum Beispiel der Ekel vor Schnecken, festzustellen. Prinzipiell ist aber für diese Altersklasse die Offenheit und das Am-Beginn-Stehen kennzeichnend.

Soziales Umfeld der Gruppe

Oft wird dies gegenüber den entwicklungspsychologischen Gegebenheiten in der Literatur vernachlässigt. Die Praxis bestätigt aber, wie groß die Unterschiede allein durch diesen Faktor sein können. Auch die Elternarbeit als wichtiger Bestandteil der Umwelterziehung ist danach auszurichten.

Land/Stadt
Bildungsschicht

Zwei Hauptunterschiede sind hier besonders zu betonen: Zum einen der Unterschied zwischen dem ländlichen und dem städtischen Bereich, zum anderen die voherrschende Schichtzugehörigkeit der Eltern im jeweiligen Stadtviertel. So wird eine Umwelterziehung auf dem Land ganz anders auszusehen haben als in der Großstadt.
In der städtischen Umgebung muß beachtet werden, in welcher Art von Wohngegend die Kinder aufwachsen. Handelt es sich um neugebaute Schlafstädte, in denen nur wenig Kontakt zwischen den Bewohnern besteht, oder kommen die Kinder aus gewachsenen alten Stadtvierteln? Inwieweit haben die Kinder die Möglichkeit, sich in ihrer Freizeit draußen aufzuhalten, oder sind sie aufgrund der Verkehrssituation stärker an die Wohnung gebunden? Gehören die Eltern einer homogenen Bildungsschicht an, wie dies etwa in reinen Arbeitervierteln oder Villenvierteln der Fall ist, oder haben wir eine bunte Mischung vor uns? Können wir auf den gleichen kulturellen Hintergrund aufbauen oder sind viele Nationen in unseren Gruppen vertreten? Wenn hier auch nur kurze Hinweise gegeben werden können, so ist dennoch klar, wie wichtig die Berücksichtigung all dieser Faktoren ist.

Voraussetzungen beim Erzieher
Echtheit

Auch dieser Punkt ist von entscheidender Bedeutung für die konkrete Gestaltung einer Umwelterziehung. Aufgesetzte oder unfreiwillig übernommene Themen bewirken oft das Gegenteil von dem, was sie erreichen sollen. Das vom Ehepaar Tausch betonte Prinzip der Echtheit gilt besonders in diesem Bereich. Auch der Erzieher muß von dem berührt sein, was er zu vermitteln versucht. Es hat wenig Sinn, Müllvermeidung mit den Kindern zu behandeln, wenn Einwegverpackungen den Kindergartenalltag bestimmen und wir nicht bereit sind, dies zu ändern.

Veränderungsbereitschaft

Unstimmigkeiten zwischen unserem Verhalten und unseren Aussagen werden von den Kindern sehr schnell festgestellt und aufgedeckt. Gerade die dann entstehenden Fragen bieten – wenn wir dann bereit sind, auch unser Verhalten zu überdenken – die Möglichkeit zu entsprechendem Handeln und zu gemeinsamen Erfolgserlebnissen. Sei es, um beim Beispiel der Müllproblematik zu bleiben, die Anschaffung eines Altpapierbehälters oder das Sammeln von Aluminiumverpackungen. Neben dieser Bereitschaft unsererseits, eigene Positionen und Vehaltensweisen zu korrigieren, spielen auch unsere persönlichen Interessen und Neigungen bei der Themenauswahl eine wichtige Rolle. Wenn wir uns vornehmen, mit den Kindern beispielsweise den Lebensraum Wald näher zu erkunden, so kann dies nur unter der Voraussetzung geschehen, daß wir die Bereitschaft zeigen, uns selber wieder neu mit diesem Thema zu beschäftigen und uns auch gefühlsmäßig auf die Begegnung mit der Natur einzulassen. Ebenso sollten wir vorher unseren Wissensstand ehrlich überprüfen und uns fehlende Informationen beschaffen.*

Grundsätze zur Planung

Konkrete Probleme

Zu Beginn des praktischen Teiles möchte ich nochmals das Ziel der ökologischen Verantwortung betonen. Die einzelnen Komponenten, wie sie in der Einführung dargelegt wurden, bilden die Grundlage, wenn wir uns mit konkreten Problemen beschäftigen. Hier ist bereits der wichtigste Begriff gefallen: KONKRETE Probleme und Erfahrungen. Erst der direkte Bezug und die persönliche Betroffenheit machen es möglich, mehr als nur Sachwissen anzuhäufen. Die gefühlsmäßige Bindung kann nur aus dem direkten Erleben entstehen. Der Schlüsselbegriff muß das Erleben sein. Was nutzen die besten Medien, wie etwa ein didaktisch gut aufbereiteter Film über das Abholzen der tropischen Regenwälder, wenn keine Möglichkeit besteht, die darin angesprochenen Probleme persönlich zu erleben. Auch eventuelle Handlungsspielräume werden damit von vorneherein eingeschränkt.

Erleben mit allen Sinnen

Daher ist als erstes zu prüfen, ob der ins Auge gefaßte Themenbereich sich überhaupt in den Kindergartenalltag miteinbeziehen läßt. Im Vordergrund hat immer das Erleben mit allen Sinnen zu stehen. Wollen wir einen Gegenstand begreifen, so hat das nicht nur den gedanklichen Aspekt, sondern auch die wörtliche Bedeutung von betasten und mit den Fingern wahrnehmen. Die rauhe Borke einer Kiefer oder der Gestank einer Müllhalde können am besten durch die direkte Begegnung erfaßt werden.
Ein weiterer Vorteil, den der direkte Bezug bietet, ist auch die leichte Verfügbarkeit von Information. Themenbereiche, die auf die Region beschränkt sind, geben dem Erzieher die Möglichkeit, sich vorab ohne großen Aufwand sachkundig zu machen. Anregungen, von denen einige beispielhaft vertieft werden sollen, seien hier genannt:

---

* Vgl. hierzu: Schmidbauer, H./Hederer, J.: Erlebnisraum Wald. Don Bosco Verlag, München 1991

– Beschäftigung mit einem nahegelegenen Biotop (Wald, Teich, ...)
– Wasserverschmutzung und Wasseraufbereitung
– Entstehung und Beseitigung von Hausmüll

Kennenlernen der Natur/ Unsere Umwelteinflüsse

Anhand dieser Vorschläge wird bereits sichtbar, daß uns zwei thematische Bereiche begegnen. Der eine ist das Kennenlernen und Verstehen der Natur, während der andere sich mit unseren Einflüssen auf die Umwelt, zum Beispiel durch Gewässerverschmutzung, befaßt. Es ist in der Praxis nicht immer möglich, gleichzeitig beiden Bereichen gerecht zu werden. Machen wir einen Ausflug in ein unberührtes Stück Mischwald, so genießen wir die Schönheit und Vielfalt der Natur. Wir finden einen herrlichen Platz für unsere Beobachtungen, aber auch zahlreiche Spielmöglichkeiten. Im selben Atemzug gleich auf das Waldsterben zu verweisen, ist wohl nicht sinnvoll. So ergibt sich für den Erzieher oft das Dilemma, welchen Schwerpunkt er setzen soll.

Viele Naturbücher zeigen einseitig schöne Aufnahmen von seltenen Tieren, ohne jedoch die Gefahren, denen sie durch die Menschen ausgesetzt sind, genügend zu berücksichtigen. Andererseits soll aber den Kindern das direkte Erleben der Natur ermöglicht werden, damit sie eine wirkliche Bindung und Liebe zu dieser Schöpfung empfinden. So wird es im Alltag darauf hinauslaufen, daß einem der beiden Bereiche in der jeweiligen Situation der Vorzug gegeben wird.

Es sei hier nur darauf aufmerksam gemacht, daß wir in der Summe dieser Doppelgesichtigkeit der Umwelterziehung Rechnung tragen müssen und ein Gleichgewicht herzustellen haben. Die Kinder nur mit den Umweltproblemen unserer Zivilisation zu traktieren, spricht zwar für ein hohes Problembewußtsein des Erziehers, schießt aber am Ziel vorbei. Umwelterziehung jedoch auf wunderschöne Wanderausflüge zu reduzieren, stärkt die Liebe zur Natur, verdrängt allerdings unsere Schuld an ihrem Niedergang.

Zusammenarbeit mit den Eltern

Nachdem die Entscheidung für einen Themenkreis gefallen ist, muß die Frage geklärt werden, wie er zu vermitteln ist.
Wie jedem erfahrenen Erzieher bewußt ist, kann es sein, daß er in Schwierigkeiten kommt, wenn er bei seinen Bemühungen den häuslichen Hintergrund vernachlässigt oder unbewußt das Verhältnis der Kinder zu den Eltern untergräbt. Es ist unbedingt anzuraten, bevor er sich auf das Feld der Umwelterziehung stürzt, gemeinsam mit den Eltern das Vorgehen durchzusprechen und sich ihre Unterstützung zu sichern. Wie bereits deutlich wurde, muß das soziale Umfeld bei jeder Planung berücksichtigt werden.
Wie ist die Bereitschaft der Eltern einzuschätzen, sich für Umwelterziehung zu engagieren? Über welchen Informationsstand verfügen sie? Untersuchungen zeigen z. B., daß Frauen, die ja immer noch den Großteil der häuslichen Kindererziehung bewältigen, im Durchschnit über einen höheren Informationsstand im Umweltbereich verfügen. Durch ihre Tätigkeit im Haushalt wissen sie über Recyclingmöglichkeiten, Energiesparmaßnahmen oder Probleme der Gewässerbelastung besser Bescheid als die Männer. So ist in der Regel das Fundament für das Vorhaben „Umwelterziehung" bereits vorhanden. Gerade die Entwicklung in den letzten Jahren hat einen gesellschaftlichen Konsens über die Dringlichkeit sofortiger Maßnahmen geschaffen.

Projekt vorstellen

Trotzdem sollte, am besten in Form eines Elternabends, das geplante Projekt vorgestellt werden. Wenn – wie in unserem folgenden Beispiel – gezielt Fragen der Umweltverschmutzung im Haushalt angesprochen werden sollen, so ist es natürlich zu vermeiden, daß hierbei getrennte Wege gegangen werden. Werden mit den Kindern Maßnahmen zum vernünftigen Umgang mit Energie besprochen, ist dies nur sinnvoll, wenn im Elternhaus in ähnlicher Weise argumentiert wird. Daher ist es unbedingt nötig, daß die Erzieher ihr Konzept den Eltern vorstellen und gegebenenfalls gemeinsam mit ihnen verbessern.

Gemeinsame Aktionen

Gemeinsame Aktionen, um beispielsweise eine Geschwindigkeitsbegrenzung für Autos im Tagesstättenbereich durchzusetzen, sind ein gutes Mittel, um die Bereitschaft zum Handeln zu verstärken.
Es soll hier nur der Anstoß dazu gegeben werden, in dieser Richtung weiterzudenken, da die Elternarbeit sehr leicht neben den täglichen Anforderungen der Praxis in den Hintergrund gerät. Tatsächlich kann nur unter möglichst vielseitiger Einbeziehung der Eltern eine Umwelterziehung nach dem hier beschriebenen Verständnis erfolgreich stattfinden.

Die Kindertagesstätte als ökologischer Haushalt

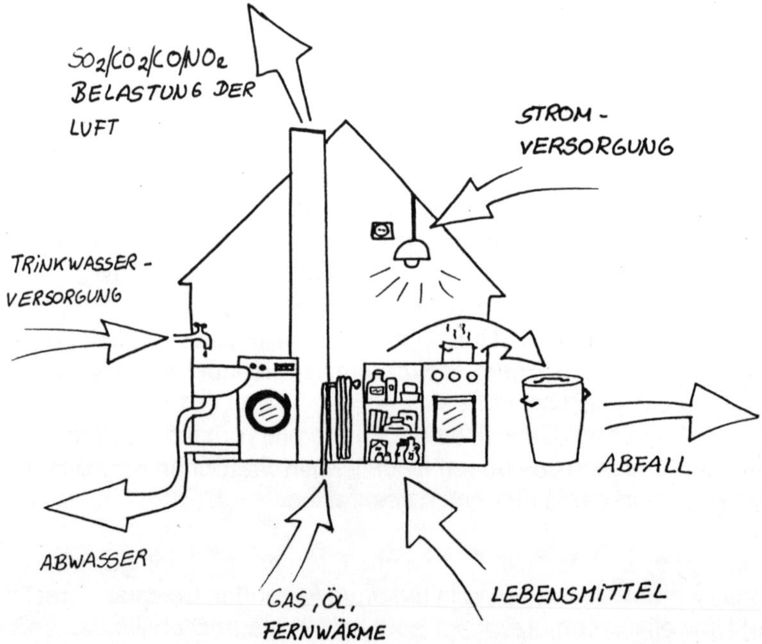

Dieses Beispiel eignet sich in hervorragender Weise für unsere Zwecke. In einem Haushalt vereinigen sich viele Kreisläufe unseres täglichen Lebens. Selbstverständlichkeiten wie fließendes Wasser oder eine warme Stube können wir auch einmal von einer anderen Seite betrachten. Schritt für Schritt wollen wir nun versuchen, die einzelnen Lebensbereiche unseres Haushaltes zu durchleuchten, und dabei auch die Konsequenzen unseres Handelns berücksichtigen.
Betrachten wir zunächst einmal die Gesamtheit, um uns dann den einzelnen Bereichen zu widmen. Die einzelnen Funktionen und Abläufe des täglichen Lebens sind den Kindern vertraut, und wir können einige Sachkenntnis voraussetzen.
Im übrigen eignet sich das Beispiel eines Haushaltes für sämtliche ökologischen Fragestellungen, da Nahrungs- und Stoffkreisläufe für jeden Lebens-

raum kennzeichnend sind. Ob wir nun einen Teich betrachten oder unseren Haushalt untersuchen, werden uns ähnliche Dinge nach dem „Woher“ und „Wohin“ der Stoffe interessieren. Nur die Beziehung der Arten untereinander spielt im Haushalt eine geringere Rolle, da hier fast nur Menschen wohnen. Dies ändert sich schnell, wenn wir in unsere Betrachtung unseren Garten miteinbeziehen.
Beginnen wir aber mit den „unbelebten“ Bestandteilen unseres Haushaltes!

Unser Wasser
Wasserkreislauf

Die Antworten der Kinder auf die Frage „Woher kommt das Wasser?“ geben erste Anhaltspunkte darauf, wo wir anzusetzen haben. Zunächst soll eine gemeinsame Ebene des Sachwissens erreicht werden, auf der dann aufgebaut werden kann.
Hier sollten wir uns auf zwei Wissensbereiche beschränken: zum einen auf die Grundkenntnisse über den Wasserkreislauf der Erde und zum anderen auf das Woher unseres heimatlichen Trinkwassers.
Als Einstieg regt eine Geschichte die Phantasie an und macht den Kopf frei, sich auf das Thema einzulassen. Erzählungen lassen die Kinder durch ihre Lebendigkeit Anteil an der Handlung nehmen und wecken Interesse am Thema.

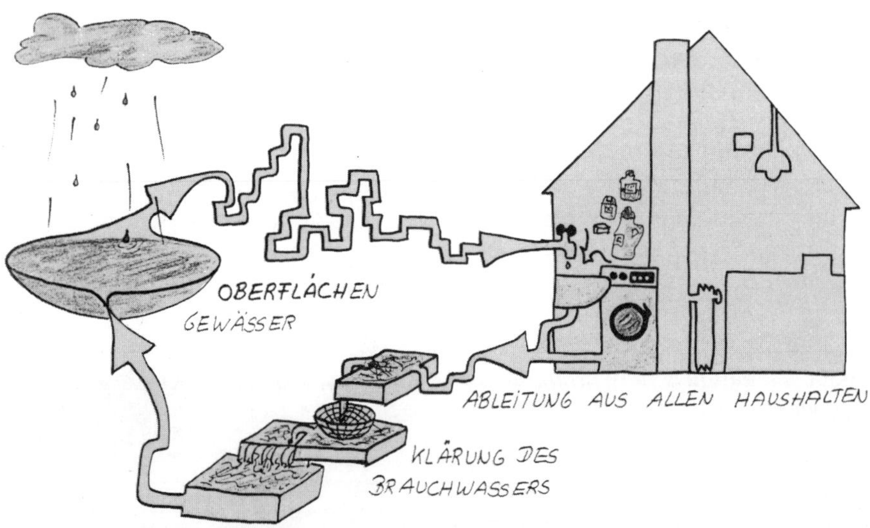

Hugo Wassertropf

*„Jetzt ist aber Schluß, Anna,
du gehst sofort ins Bad
und wäscht dir die Hände!
Wie siehst du denn aus?"
Anna hatte wieder mal mit den
Wasserfarben eine Riesenschweinerei veranstaltet und alles vollgeschmiert. Ihre Mutter schien gar nicht froh darüber zu sein.
Anna geht langsam ins Bad und dreht den Wasserhahn auf.
Brr.. Schhh… Es kommt nichts.
Und dann quetscht sich ein dicker Wassertropfen durch die Leitung und fällt in Annas dickverschmierte Hände: blubb!
„Ah, endlich, ich dachte schon, ich komme nie mehr aus dieser engen Leitung raus."
Anna ist ganz verdutzt und kann ihren Augen kaum glauben.
Sonst kommen ja auch nicht so dicke Tropfen aus der Leitung.
„Wer bist denn du, und wie kommst du denn hierher?"
Der Tropfen bewegte sich hin und her und machte sich noch ein bißchen dicker. Dann sagte er, schon fast ein wenig beleidigt, daß man ihn nicht kennt: „Ich, ich bin Hugo Wassertropf, der Meistgereiste und Erfahrenste weit und breit, überall zu Hause und ständig in Bewegung, aus dem Hause H_2O, zu der Familie der Wassertropfen gehörend. Lebensnotwendig für Mensch, Tier, Pflanze und Umwelt.
Ungünstige Umstände haben mich hierher gebracht,
denn eigentlich war ich auf dem Weg zum Silbersee.
Dort habe ich nämlich viele Freunde, und die wollte
ich besuchen.*

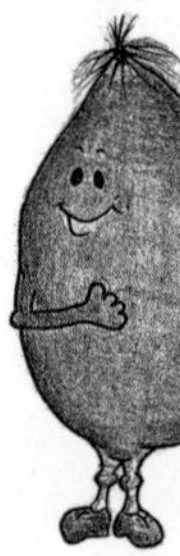

Wir versammeln uns im See und reden und ratschen, bis die Sonne uns so erwärmt, daß wir dampfend in den Himmel hüpfen. Das macht riesigen Spaß, so ganz leicht durch die Lüfte zu schweben.

Wir Wassertropfen sind sehr gesellig, und so schweben wir nicht allein umher, sondern bilden regelrechte Wolkenversammlungen.

So treibt uns der Wind umher, und wenn wir genug haben, dann einigen wir uns und lassen uns einfach alle runterfallen.

Als Regentropfen, Schneeflocke oder Hagelkugel kommen wir wieder auf die Erde zurück.

Es gibt auch sehr gemütliche Tropfen, die langsam hinabdampfen und das ganze Land bewölken. Ich habe dieses Runternebeln einmal mitgemacht, aber es war mir zu langsam.

Runterpurzeln dagegen ist ein Riesenspektakel. Sind wir einmal unten angekommen, bilden wir erst kleine Seen, oder die trok-

kene Erde saugt uns gleich auf. So versorgen wir Tiere und Pflanzen mit Wasser. Sie brauchen uns zum Leben.

Das ist unser Kreislauf: Wir verdampfen, schweben und lassen uns wieder runterpurzeln.

Doch neulich kam alles ganz anders. Ich war gerade in einer Wolkenversammlung. Wir wollten eigentlich noch weiterschweben, aber mittendrin gab es Unstimmigkeiten, und es entstand ein Riesengewitter.

Als Regentropfen landete ich direkt auf einem Acker, und die trockene Erde sog mich gleich auf. Ich sickerte dahin, bis ich auf einen unterirdischen Fluß stieß, der mich im Eiltempo zu einem See beförderte, auf dem es wild zuging.

Eine starke Strömung zwang uns immer vorwärts, von einem Becken ins andere, durch Siebe, Gitter und Filter. Manchmal ging es ganz schnell und im freien Fall, und manchmal sickerten wir ganz langsam durch.

Obwohl wir ständig in Bewegung waren, konnte ich von einigen Wassertropfen erfahren, daß dies alles von Menschen gebaut worden war: eine Anlage, die uns Wassertropfen nach der Reinigung über Rohre und Leitungen in die Häuser der Menschen führt. Und da bin ich nun.“

Woher beziehen wir unser Wasser? Besichtigung

In der Geschichte von Hugo Wassertropf haben wir den gesamten Wasserkreislauf im Überblick kennengelernt. Nun interessiert uns aber auch, woher das Wasser aus unserer Wand kommt.
Je nach örtlichen Gegebenheiten der Kindertagesstätte ist der Besuch einer Trinkwasserzisterne, einer Quelle oder eines Trinkwassereinzugsgebietes vielleicht möglich. Ist dies nicht der Fall, müssen wir uns auf einige mündliche Erläuterungen beschränken. Um trotzdem mit dem Wasser in direkten Kontakt zu kommen, besuchen wir nahegelegene Oberflächengewässer. Je nachdem, ob es sich um einen Bach, See oder Fluß handelt, werden wir dabei die unterschiedlichsten Beobachtungen machen. Sei es die Tier- und Pflanzenwelt oder die Verschmutzung, ablesbar an Badeverbotsschildern, oder einfach die Freude am Spielen und Entdecken.
Hier wird bereits ersichtlich, wie allein das Thema Wasser vielfältige Möglichkeiten der Beschäftigung bietet, die hier gar nicht angesprochen werden können. Auf jeden Fall ist es wichtig, daß wir nicht nur von der Tagesstätte aus über das Wasser sprechen, sondern hinausgehen und Wasser erleben.

Kreatives Verarbeiten

Diese Erlebnisse, aber auch das gesammelte Wissen, sollen nun verarbeitet und vertieft werden. Gute Möglichkeiten hierzu sind kreative Ausdrucksformen, wie Zeichnen, Malen, Basteln, aber auch Rollenspiele. Sie regen dazu an, Erlebtes noch einmal nachzuvollziehen, darüber nachzudenken und Fragen zu stellen.

Tragen wir aus den angefertigten Zeichnungen eine kleine Ausstellung zusammen und reservieren dafür einen Platz an der Wand des Gruppenraumes. So ist es jederzeit möglich, immer wieder einen Blick auf die Bilder zu werfen, und die Geschichte bleibt gegenwärtig.

Verwendung des Wassers?

Ein Gespräch mit den Kindern zeigt den Blickwinkel, aus dem sie die Bedeutung des Wassers sehen. Vergleichen wir diesen mit den tatsächlichen Gegebenheiten, so werden sie sicherlich ebenso wie wir überrascht sein.
Wasser dient uns im Haushalt nur zum geringsten Teil als lebensnotwendiges Element, sondern als Transportmittel für unsere Fäkalien oder für oftmals überzogene Sauberkeitsvorstellungen. Die Tatsache, daß unser Trinkwasserverbrauch in den letzten fünfzig Jahren um das 40-fache gestiegen ist, zeigt das Ausmaß der Verschwendung an. Eine Person verbraucht im Durchschnitt

50.000 Liter Wasser im Jahr. Der Tagesverbrauch liegt bei 140 Liter. Diese enorme Menge sollten wir uns einmal veranschaulichen. Mit Hilfe von Eimern läßt sich dieser Verbrauch für Kinder, aber auch für uns geradezu erdrückend darstellen.

Nachdenken

Erinnern wir uns wieder an den Begriff der ökologischen Verantwortung: Nachdem wir uns Sachwissen und persönliche Verbundenheit durch die Geschichte von Hugo Wassertropf und durch direktes Erleben von Wasser bei einem Ausflug angeeignet haben, wird jetzt die Bereitschaft zur Reflexion angesprochen.
Bereitschaft zur Reflexion meint hier ein Nachdenken über diese kaum haltbaren Verhaltensweisen. Wir brauchen dazu bei den Kindern keine offenen Türen einzurennen, wenn es um die Bereitschaft zur Veränderung dieses Mißbrauchs geht.

Handeln

Wie könnten nun konkrete Handlungen aussehen? Einen wichtigen Punkt haben wir bis jetzt aber völlig übersehen. Neben der großen Menge, die wir an

Wasser verbrauchen, ist es ja auch von Bedeutung, inwieweit wir es verschmutzen. Allein der große Wasserverbrauch ist nur die eine Seite der Medaille. Der großzügige Einsatz von Reinigungs- und Waschmitteln bewirkt erst die Probleme, die bei der Klärung der Abwässer auftreten.
Doch gehen wir der Reihe nach vor. Wie können wir unseren Wasserverbrauch mengenmäßig bewußter steuern? Beobachten wir uns selbst und unser tägliches Verhalten. Morgens stehen wir auf und gehen ins Bad... Spielen wir die einzelnen Szenen eines Tages, in denen wir mit Wasser zu tun haben, durch und beurteilen unsere Gewohnheiten: Lassen wir unnötig Wasser laufen? Setzen wir die WC-Spülung in ihrer Menge nach Bedarf ein, oder machen wir uns keinerlei Gedanken, wenn wir Wasser verbrauchen? Beim gemeinsamen Nachdenken werden uns sicherlich einige Punkte einfallen, bei denen wir Verbesserungen vornehmen können. Haben wir einen Garten, so können wir im Sommer unsere Pflanzen mit Regenwasser versorgen. Das Gießen unserer Beete und Topfpflanzen ist miteinzubeziehen in unseren Wochenablauf. Das regelmäßige Versorgen der Pflanzen und das Miterleben ihres Wachstums ist zudem eine gute Gelegenheit, erste Kontakte mit der Natur zu schaffen. Vergessen wir die nötige Pflege, so werden uns die Pflanzen durch ihr Welken unsere Nachlässigkeit vor Augen halten.

Aufstellen einer Regentonne

Nun zu unserer Regentonne:
In Zusammenarbeit mit dem Hausmeister suchen wir ein günstig gelegenes Fallrohr der Dachrinne und bitten ihn, eine Klappe, die im Fachhandel erhältlich ist, zu installieren. Wenn es zuviel regnet und die Tonne überlaufen würde, kann diese geschlossen werden, und das Wasser fließt seinen üblichen Weg ab.

Wichtig ist eine Stufe, damit die Kinder den Wasserstand sehen können und ihre Kannen selbständig befüllen können. Kleine Gießkannen mit ca. 1,5 l.

Es können hier nicht alle Möglichkeiten des verantwortungsvollen Umgangs mit dem Wasser aufgezählt werden, da diese im Einzelfall durch unser Nachdenken besser gefunden werden als in abstrakten allgemeinen Aufrufen.

Verschmutzung des Wassers

Das zweite mindestens gleich große Problem, wenn es um den Wassergebrauch geht, ist die Verunreinigung durch schwer abbaubare Substanzen. Wir können anhand eines kleinen Versuchs veranschaulichen, welche Mühe es macht, das Wasser wieder einigermaßen zu reinigen.

Versuch: Wasserreinigung

Wir mengen in einen Eimer mit 10 l Wasser die unterschiedlichsten Dinge, die wir auch sonst in den Abfluß geben: z.B. Wasserfarbenreste, Seifenlauge, gebrauchtes Spülwasser, etwas Waschmittel, ... Haben wir nun eine richtige Brühe hergestellt, kommt der anstrengende Teil des Versuchs. Wie bekommen wir das Wasser wieder sauber?
Anregungen hierzu: Wir gießen das Wasser durch Sand, Filtertüten, durch Erde, Tücher, oder lassen es einige Zeit stehen, damit sich Schmutzpartikel absetzen... Der Phantasie sind keine Grenzen gesetzt. Diese Bemühungen zeigen aber deutlich, daß es um so schwieriger wird, das Wasser zu reinigen, je mehr chemische Reinigungsmittel sich in der Brühe befinden.
Eine Abwandlung des Versuchs ist die gezielte Untersuchung einzelner Stoffe. Welche lassen sich leichter entfernen? Welche weniger? Vor allem für die etwas älteren Hortkinder ist dies eine gute Ergänzung.
Die Folgen der Verschmutzung unserer Gewässer, wie zum Beispiel die Überdüngung durch Phosphate und das damit verbundene massive Algenwachstum, können nur angedeutet werden.
Vielleicht ermöglicht es die Lage der Kindertagesstätte, nahen Gewässern oder einer Kläranlage einen Besuch abzustatten. Dieser will aber gut vorbereitet sein, damit die Erzieher wissen, was sie erwartet und worauf sie besonders hinzuweisen haben.
Auf alle Fälle ist uns nun mehr daran gelegen, daß das Wasser, das aus den Leitungen unser Haus verläßt, in seinem Verschmutzungsgrad ein vertretbares Maß einhält. Welche Probleme es mit der Abwasserreinigung auf sich hat, ist im Versuch deutlich geworden.

Als Konsequenz für unser Verhalten werden wir bei der Auswahl unserer Putzmittel weniger gedankenlos sein. Oft haben einfache Hilfen wie Schwamm und Bürste den gleichen Effekt wie schnellösende Reinigungsmittel. Aber auch von seiten der Hersteller sind verstärkt Bemühungen festzustellen, ihre Produkte im Hinblick auf Umweltverträglichkeit zu verbessern. Selbstverständlich sollten wir die Reinigungsfirma der Kindertagesstätte in unsere Überlegungen miteinbeziehen und Wert darauf legen, daß nur leicht abbaubare Produkte zum Einsatz kommen.

Wasser im Haushalt (Zusammenfassung)

Im Vorhergegangenen ging es nicht um die vollständige thematische Aufarbeitung eines möglichen Schwerpunktes „Wasser". Hierzu müßten weitere Informationen beschafft werden, etwa im Gespräch mit anderen Erziehern oder aus der Literatur. Für eine kurze und altersgemäße Beschäftigung mit Wasser im Haushalt ist aber eine Grundlage zum Ansetzen gegeben worden.

Hauptanliegen wird es jedoch sein, die Möglichkeiten, die sich in der Praxis bieten, darzustellen und auf ihren Einsatzbereich hin zu untersuchen.

Um Sachwissen zu vermitteln, eignen sich Geschichten als Einstieg. Sie wekken Interesse und schaffen einen ersten Bezug zum Thema.

Für die Vertiefung sind persönliches Erleben und direkter Kontakt erforderlich, um die emotionale Verbundenheit der Kinder zur Natur zu fördern.

Kreative Auseinandersetzung mit dem Gegenstand ermöglicht die nochmalige Reflexion des Erlebten und gibt die Gelegenheit zu persönlicher Stellungnahme.

Anschauliche Vergleiche (14 Eimer Wasser) können abstrakte Zahlen verdeutlichen.

Die Aufforderung, eigenes Verhalten im Hinblick auf eine bestimmte Situation wiederzugeben und zu erzählen (Wie verwende ich Wasser im Badezimmer?), ermuntert zum Nachdenken. Oft werden durch das Erzählen Einzelheiten bewußt, die sonst übersehen werden.

Verbesserungen, die auf eigene Anregungen zurückgehen, wie etwa das Aufstellen einer Regentonne, werden begeistert aufgenommen im Vergleich zu vorgesetzten Maßnahmen. Auch wenn Kinder aufgrund ihrer Fähigkeit noch nicht alles selbst ausführen können, so sind sie doch immer in die Planung und Ausführung miteinzubeziehen. Eigenverantwortliche Aufgaben, wie die Überwachung des Wasserstandes der Regentonne, vertiefen die Bindung zu einer gemeinsamen Aktion.

Versuche eignen sich vor allem dann, wenn komplizierte Vorgänge, die mündlich nur schwer zu erklären sind, auf diese Weise veranschaulicht werden können. Reine Beobachtungsversuche, wie sie im Unterricht zur Anwendung kommen, sind im Kindergarten weniger geeignet. Die Kinder sollen immer die Möglichkeit haben, selbst Hand anzulegen und Vorschläge miteinzubringen. Günstig ist auch die Aufteilung in kleinere Gruppen, da dann jeder etwas tun darf und keiner unbeteiligt zuschauen muß. Der beschriebene Versuch zur Wasserreinigung eignet sich für die Aufteilung in Arbeitsgruppen gut, da viele verschiedene Tätigkeiten ausgeführt werden müssen. Allerdings hat er den Nachteil, daß er aufgrund seiner etwas schwierigen Anlage für kleinere Kinder nur bedingt geeignet ist und dann einer gut geplanten Anleitung und Überwachung bedarf.

Der Abschnitt über die Auswahl der Putzmittel soll verdeutlichen, wie wichtig die Rolle des Erziehers als Vorbild und Beispiel ist. Bei gelegentlichen Aufräum- und Reinigungsarbeiten kann er darauf hinweisen, welche Bedeutung die Verwendung dieses oder jenes Reinigungsmittels für das Wasser hat. Hier gilt es, den Kindern eine vernünftige Anwendung dieser Mittel vorzuleben.

Es zeigt sich also, daß eine Vielzahl von Methoden, vom Geschichtenerzählen bis hin zum Versuch, vorhanden sind, um die einzelnen Aspekte des Zieles zu erreichen.

Unser Garten
Pflanzen und Tiere im Haushalt

Neben dem lebenswichtigen Wasser ist die Ernährung und das damit verbundene Wissen um die Lebensmittel ein wichtiger Bestandteil der Haushaltsführung. Es sind hier zwei Gebiete zu unterscheiden: Gesunde Ernährung und ernährungsphysiologische Grundkenntnisse auf der einen und das Kennenlernen der natürlichen Zusammenhänge des pflanzlichen Wachstums und der Tierhaltung auf der anderen Seite. Da zum Haushalt einer Kindertagesstätte meist auch ein Garten gehört, bietet es sich geradezu an, die Lebensbedingungen der Pflanzen und Tiere kennenzulernen. Es ist eine Bereicherung für die Erlebniswelt der Kinder, wenn der Garten nicht nur aus einem strapazierfähigen Spielrasen besteht, sondern sich auch versteckte Winkel für Vögel und Insekten finden oder ein kleines Stück selbstbestellter Gemüsefläche. Gerade für Kinder aus dem städtischen Bereich ist der Zusammenhang zwischen Lebensmittel, die ja aus dem Supermarkt kommen, und ihrer Erzeugung kaum bekannt. Das spannende Mitverfolgen eines Samens bis zur früchtetragenden Pflanze ist für die meisten etwas völlig Neues und Faszinierendes.

Verschiedene Aspekte des Gartens

Knüpfen wir wieder an unser Haushaltsmodell an und betrachten die verschiedenen Aspekte unseres Gartens.
In greifbarer Nähe zeigt sich hier die Verknüpfung von Mensch und Natur. Je nach der Art des menschlichen Eingreifens präsentiert sich der Garten in unterschiedlichster Form. Zugepflasterte Flächen, kurzgeschnittener Rasen, wuchernde Hecken oder gepflegte Blumenbeete geben Auskunft über unser Verhältnis zur Natur. Lassen wir Lebensraum für viele Tier- und Pflanzenarten oder herrscht grüne Monotonie? Welche Anforderungen stellen wir an unseren Garten? Soll er möglichst pflegeleicht sein, oder sind wir bereit, Arbeit zu investieren? Ziehen wir eine rasenmähergerechte Grünfläche einer Blumenwiese vor?
Wahrscheinlich haben wir uns bis jetzt wenig Gedanken darüber gemacht, wieviel eigentlich die Gestaltung des Gartens über die Bewohner des Hauses aussagt. Einheitsgrün und immer wieder dieselben Pflanzenarten bestimmen vielerorts die Landschaft.

Die Natur zulassen

Wenn wir uns aber vornehmen, den Kindern eine emotionale Bindung zur Natur zu ermöglichen, so ist dies nur sinnvoll, wenn wir auch bereit sind, ein Stück Natur und die damit verbundene Artenvielfalt in unserer Nähe zuzulassen. Erst die abwechslungsreiche Gestaltung gibt uns die Möglichkeit, Einblicke in den Kreislauf der belebten Natur zu gewinnen. Einige Anregungen, wie der Garten zu einem vielseitigen Erlebnisraum verwandelt werden kann, sollen nun vorgestellt werden.

Garten-gestaltung

Zu Beginn einer Planung haben wir die Aufgaben, die wir an den Garten stellen, zu klären. Wir brauchen sicherlich eine großzügige Spielfläche, um Platz für Ballspiele und zum Herumtollen zu haben. Sie sollte in sonniger Lage angelegt sein, damit sie nach einem Regenschauer auch wieder schnell abtrocknen kann. Steht eine größere Fläche zur Verfügung, sollten einige Obstbäume das Bild auflockern. Von Nadelgehölzen ist auf alle Fälle Abstand zu nehmen. Sie laden im Sommer nicht gerade dazu ein, sich in ihrem Schatten zu erholen oder auf ihnen herumzuklettern.

Bei der weiteren Planung ist unbedingt auf die Lichtverhältnisse und die Wetterexposition zu achten. Die Anlage einer Hecke wird immer wieder gefordert, ist aber nur dann sinnvoll, wenn sie nicht das ganze Tageslicht nimmt. Sie soll Schutz vor Wind und Wetter geben und hat ihren Platz an der West- und Nordseite des Gartens. Heimische Baum- und Straucharten wie Hasel-, Holunder-, Vogelbeerbaum oder Ahorn bieten Nahrungs- und Nistangebote für eine Reihe von Tieren.

Es wären noch viele Möglichkeiten anzusprechen, wie naturnahe Biotope angelegt werden könnten. Dies soll aber auf ein vernünftiges Maß reduziert werden, da es nicht darum gehen kann, die Natur auf ein Paar Quadratmetern in möglichst vielen Spielarten einzufangen, sondern um exemplarische Lern- und Begegnungsmöglichkeiten mit einigen heimischen Pflanzen und Tieren. Aufwendige Feuchtbiotope, wie sie in einigen Naturschutzbroschüren vorgestellt werden, eignen sich eher für Gärten in ruhigerer Lage, da sich nur dann eine entsprechende Tier- und Pflanzenwelt einstellen kann.

Naturnahe Gartengestaltung heißt immer, die Gegebenheiten der Umwelt miteinzubeziehen und eine standortgerechte Bepflanzung vorzunehmen. Einfache Maßnahmen, die auch mit den Kindern ausgeführt werden können, sind prestigeträchtigen Aktionen vorzuziehen. Folgende Möglichkeiten zur Bereicherung der Artenvielfalt in unserem Garten bieten sich an:

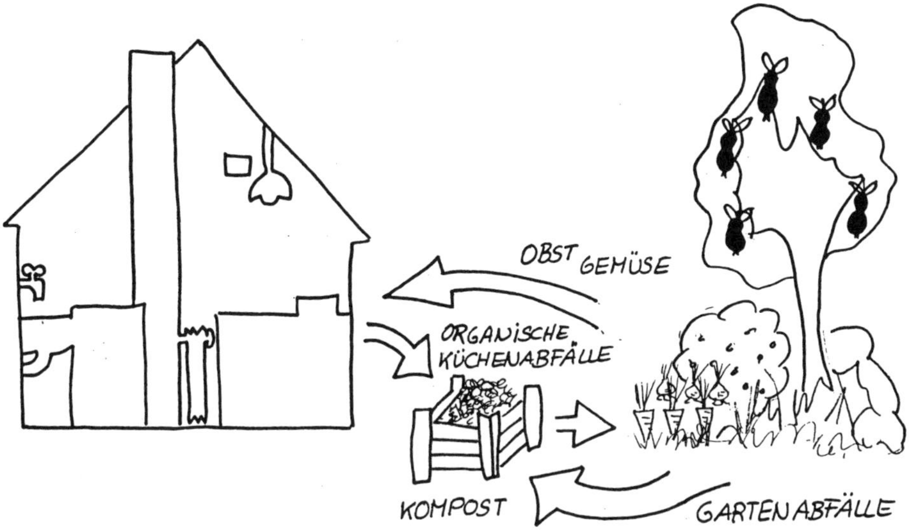

- Fassadenbegrünung
- Anlage einer Natursteinmauer, als Nistplatz für Insekten
- Begründung einer Hecke
- Anlage eines Komposthaufens

Anlage eines Nutzgartens

Neben dem Gestalten von Lebensräumen, die die Beobachtung von Tieren und Pflanzen ermöglichen, möchte ich die Anlage eines kleinen Nutzgartens hervorheben, da die Kreisläufe der Natur in direkter Weise beobachtet, aber auch beeinflußt werden können. Wir sind nicht nur Zuschauer, sondern können aktiv gestalten. Das Kennenlernen unberührter Naturlandschaft ist eher außerhalb des häuslichen Bereiches zu verwirklichen als im heimischen Garten.
Welche Grundsätze gelten nun für einen kleinen Gemüsegarten?

Nicht zu groß!

Bereits einige Quadratmeter (ca. 20) reichen für unsere Zwecke aus. Größere Parzellen lassen sich nur noch schwer mit Kindern bestellen, da es wichtig ist, daß jeder Arbeitsgang im zeitlichen Umfang überschaubar bleibt. Stundenlanges Unkrautjäten verdirbt jedem die Lust an der Gartenarbeit. Als nächstes ist zu beachten, daß wir für eine möglichst vielfältige Pflanzenauswahl sorgen.

Unterschiedliche Gemüsearten mit kurzer oder langer Vegetationszeit sorgen für Abwechslung. Nebenbei lernen wir so auch das Aussehen der Pflanze und nicht nur das der Frucht kennen.
Da es für die meisten der erste Umgang mit Pflanzen sein wird, ist eine Politik der kleinen Schritte notwendig. Bei aller Begeisterung sollten die Anforderungen nur sehr langsam gesteigert werden. Die Gefahr, daß durch vorschnelles Übertragen von Verantwortung und den damit verbundenen Arbeitsaufgaben die Motivation der Kinder überfordert wird, ist nicht zu unterschätzen. Die „Freundschaft" zu den Pflanzen wächst langsamer als zu Tieren, die über andere Ausdrucksweisen verfügen.
Blumen und Kräuter tragen zur Bereicherung unseres Gartens bei. Der Duft der Kräuter und die Schönheit der Blumen geben einen Einblick in die Vielgestaltigkeit der Natur. Es macht Spaß, die verschiedenen Pflanzen mit verbundenen Augen zu riechen, um sie dann nur mit der Nase wiederzuerkennen. Die oberirdische Pracht legt es aber auch nahe, sich für den Boden, auf dem alles wächst, zu interessieren. Wir können beobachten, daß Stellen, die längere Zeit nicht von Pflanzen bedeckt sind, verhärten und keine Regenwürmer mehr darin zu finden sind. Die Pflanzen schützen also den Boden vor Austrocknung und übermäßiger Belichtung.
Ihre Wurzeln sorgen für eine gute krümelige Struktur und lassen daher Wasser und Luft besser in den Boden eindringen. Wir stellen auch fest, daß abgefallene Blätter mit der Zeit verrotten und zu Humus werden. Dieser trägt dann wieder zur Ernährung der Pflanzen bei.
Der Kreislauf von organischem Material im Garten wird am besten deutlich, wenn wir unseren Komposthaufen, der keinesfalls fehlen darf, öfter mal begutachten. Dabei sind unterschiedliche Rotte- und Zerfallsstadien zu sehen und eine Menge von Kleinlebewesen wie Asseln, Regenwürmer und Tausendfüßler zu finden.

Vielfältige Beschäftigung

Es zeigt sich, wie vielseitig die Möglichkeiten der Beschäftigung sind, die uns der Garten bietet:
Die Pflege der Kulturen verhilft den Kindern zu ersten Kontakten mit der Pflanze. Sie lernen ihr Leben vom Samen bis zum Absterben im Herbst kennen. Die selbst durchgeführte Pflege und die dabei erlebte Freude an ihrem Gedeihen verändert ihre Einstellung und Wertschätzung gegenüber den Lebensmitteln. Es ergeben sich aber auch Einblicke in das Nahrungsgefüge in der Natur, da sich auch andere Lebewesen für „unsere" Früchte interessieren.

Ein besonderes Ereignis ist die Ernte und der gemeinsame Genuß des ersten selbst angebauten Gemüses.
Methodisch bietet der Nutzgarten die Möglichkeiten einer Fülle von Aktivitäten, um sowohl Wissen als auch emotionale Verbundenheit zu vermitteln.

Einstiegsmöglichkeiten

Ist erst die Begeisterung geweckt über die Perspektiven, die die Anlage eines kleinen Gärtleins bietet, fällt der Einstieg nicht schwer. Dazu möchte ich noch einige Anregungen geben.
Die ausgewählte Fläche sollte zu einem möglichst späten Zeitpunkt im Herbst umgegraben werden. Wenn sich das Ende des Winters abzeichnet, sollte mit vorbereitenden Maßnahmen das Interesse der Kinder geweckt werden. Das Aufziehen von Jungpflanzen eignet sich, um den Keimvorgang genau verfolgen zu können.

In abgewandelter Form könnte der Versuch folgendermaßen aussehen:
Welche Bedingungen brauchen die vor uns liegenden Samenkörner, damit sie keimen und eine Pflanze werden?
Zur Beantwortung eignen sich am besten Kressesamen, da sie sehr rasch keimen. Gemeinsam sammeln wir Ideen, um eine Keimung herbeizuführen: Legen wir die Körner ins Wasser, in die Erde, ins Dunkle, ins Licht, auf die Heizung, in den Kühlschrank, ...? Vergleichen wir unsere Ergebnisse, stellen wir fest, daß Wasser zum Keimen nötig ist und Licht für das anschließende Gedeihen. Genau genommen ist auch Luft erforderlich, aber dieser Nachweis ist unter normalen Zimmerbedingungen ohne Hilfsmittel nur schwer zu erbringen.

Um einen grundsätzlichen Einstieg in das Gartenjahr zu erleichtern, bietet sich auch wieder das Erzählen einer Geschichte an. Ein mögliches Beispiel:

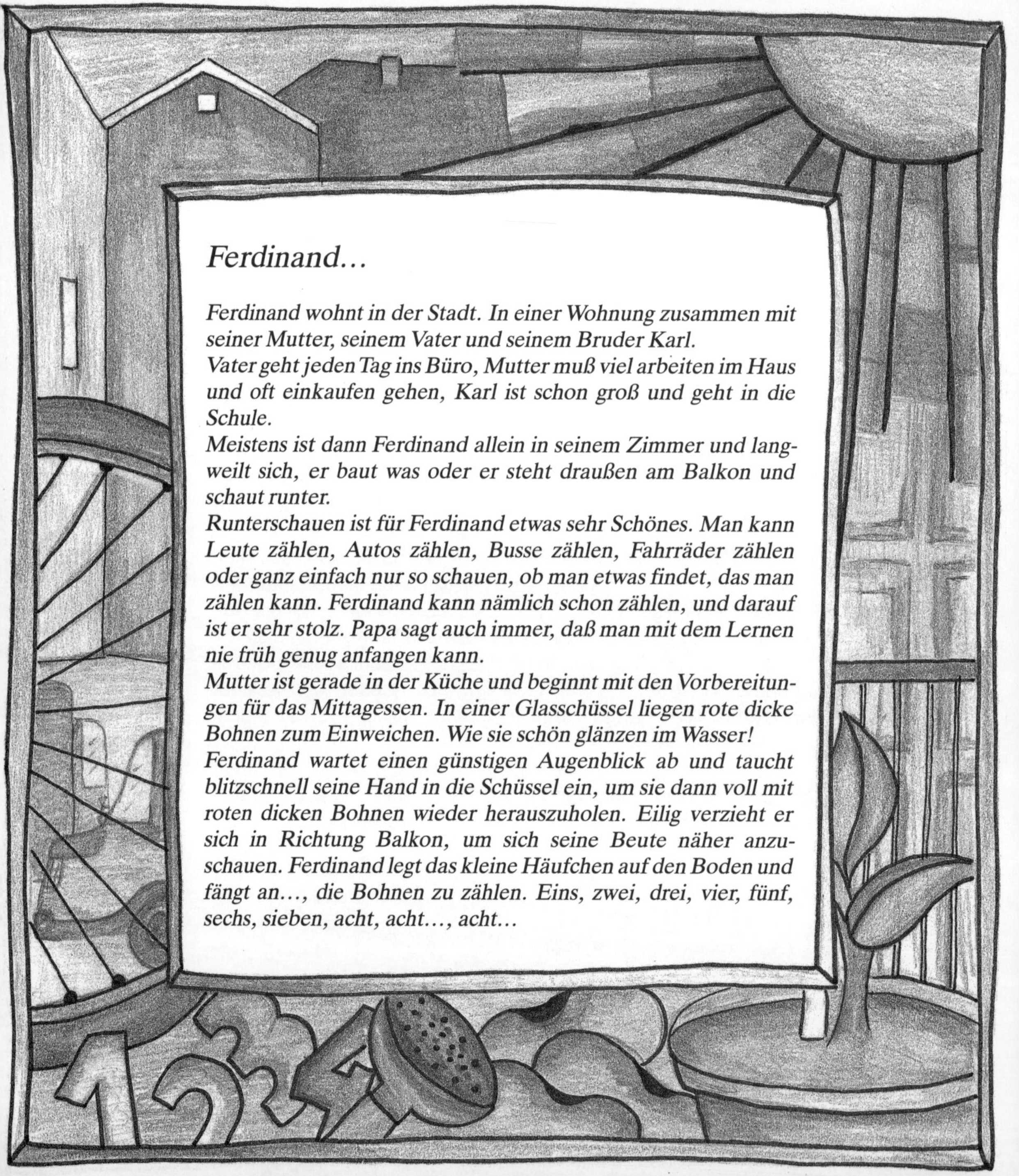

Ferdinand…

Ferdinand wohnt in der Stadt. In einer Wohnung zusammen mit seiner Mutter, seinem Vater und seinem Bruder Karl.
Vater geht jeden Tag ins Büro, Mutter muß viel arbeiten im Haus und oft einkaufen gehen, Karl ist schon groß und geht in die Schule.
Meistens ist dann Ferdinand allein in seinem Zimmer und langweilt sich, er baut was oder er steht draußen am Balkon und schaut runter.
Runterschauen ist für Ferdinand etwas sehr Schönes. Man kann Leute zählen, Autos zählen, Busse zählen, Fahrräder zählen oder ganz einfach nur so schauen, ob man etwas findet, das man zählen kann. Ferdinand kann nämlich schon zählen, und darauf ist er sehr stolz. Papa sagt auch immer, daß man mit dem Lernen nie früh genug anfangen kann.
Mutter ist gerade in der Küche und beginnt mit den Vorbereitungen für das Mittagessen. In einer Glasschüssel liegen rote dicke Bohnen zum Einweichen. Wie sie schön glänzen im Wasser!
Ferdinand wartet einen günstigen Augenblick ab und taucht blitzschnell seine Hand in die Schüssel ein, um sie dann voll mit roten dicken Bohnen wieder herauszuholen. Eilig verzieht er sich in Richtung Balkon, um sich seine Beute näher anzuschauen. Ferdinand legt das kleine Häufchen auf den Boden und fängt an…, die Bohnen zu zählen. Eins, zwei, drei, vier, fünf, sechs, sieben, acht, acht…, acht…

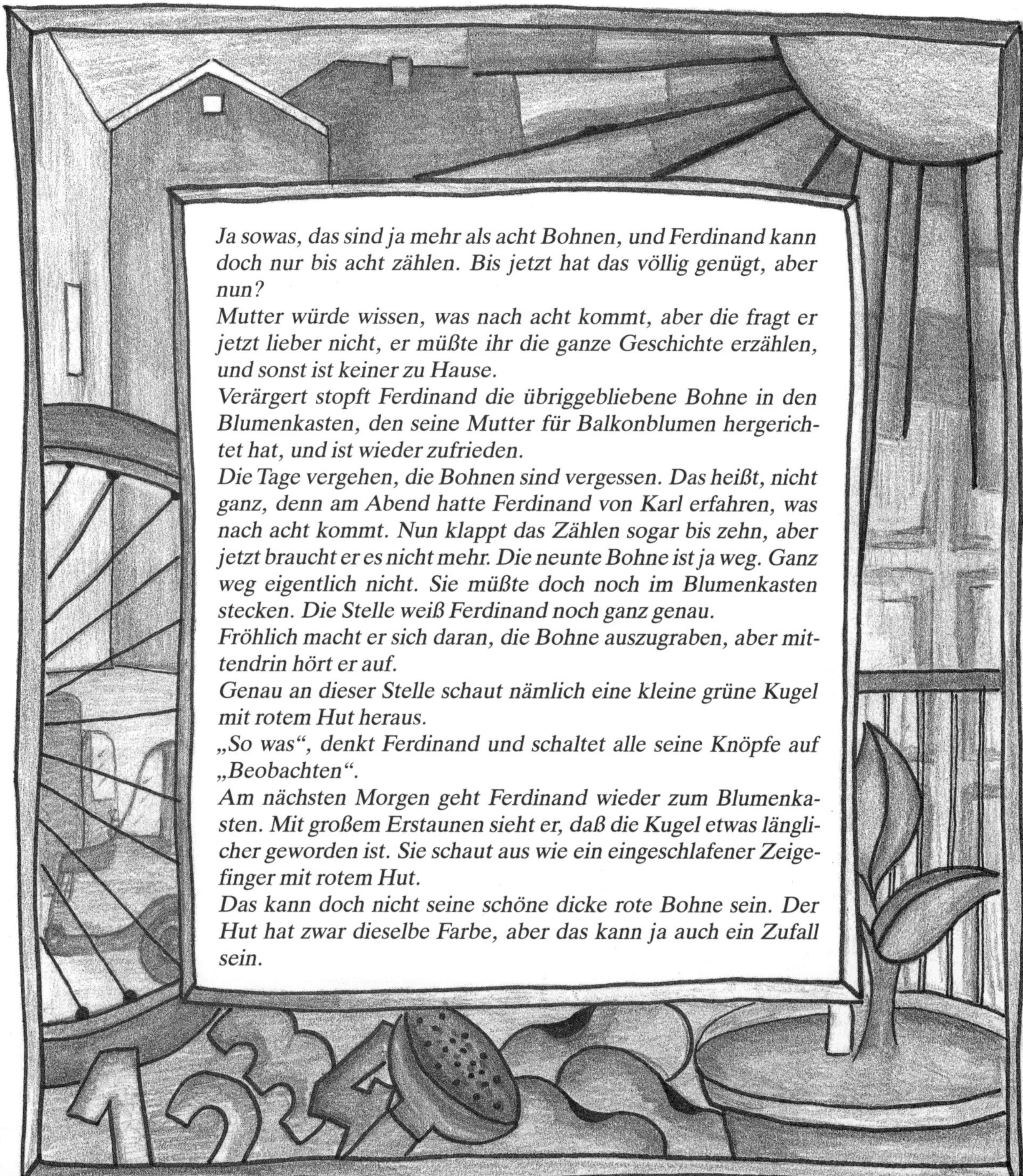

Ja sowas, das sind ja mehr als acht Bohnen, und Ferdinand kann doch nur bis acht zählen. Bis jetzt hat das völlig genügt, aber nun?

Mutter würde wissen, was nach acht kommt, aber die fragt er jetzt lieber nicht, er müßte ihr die ganze Geschichte erzählen, und sonst ist keiner zu Hause.

Verärgert stopft Ferdinand die übriggebliebene Bohne in den Blumenkasten, den seine Mutter für Balkonblumen hergerichtet hat, und ist wieder zufrieden.

Die Tage vergehen, die Bohnen sind vergessen. Das heißt, nicht ganz, denn am Abend hatte Ferdinand von Karl erfahren, was nach acht kommt. Nun klappt das Zählen sogar bis zehn, aber jetzt braucht er es nicht mehr. Die neunte Bohne ist ja weg. Ganz weg eigentlich nicht. Sie müßte doch noch im Blumenkasten stecken. Die Stelle weiß Ferdinand noch ganz genau.

Fröhlich macht er sich daran, die Bohne auszugraben, aber mittendrin hört er auf.

Genau an dieser Stelle schaut nämlich eine kleine grüne Kugel mit rotem Hut heraus.

„So was", denkt Ferdinand und schaltet alle seine Knöpfe auf „Beobachten".

Am nächsten Morgen geht Ferdinand wieder zum Blumenkasten. Mit großem Erstaunen sieht er, daß die Kugel etwas länglicher geworden ist. Sie schaut aus wie ein eingeschlafener Zeigefinger mit rotem Hut.

Das kann doch nicht seine schöne dicke rote Bohne sein. Der Hut hat zwar dieselbe Farbe, aber das kann ja auch ein Zufall sein.

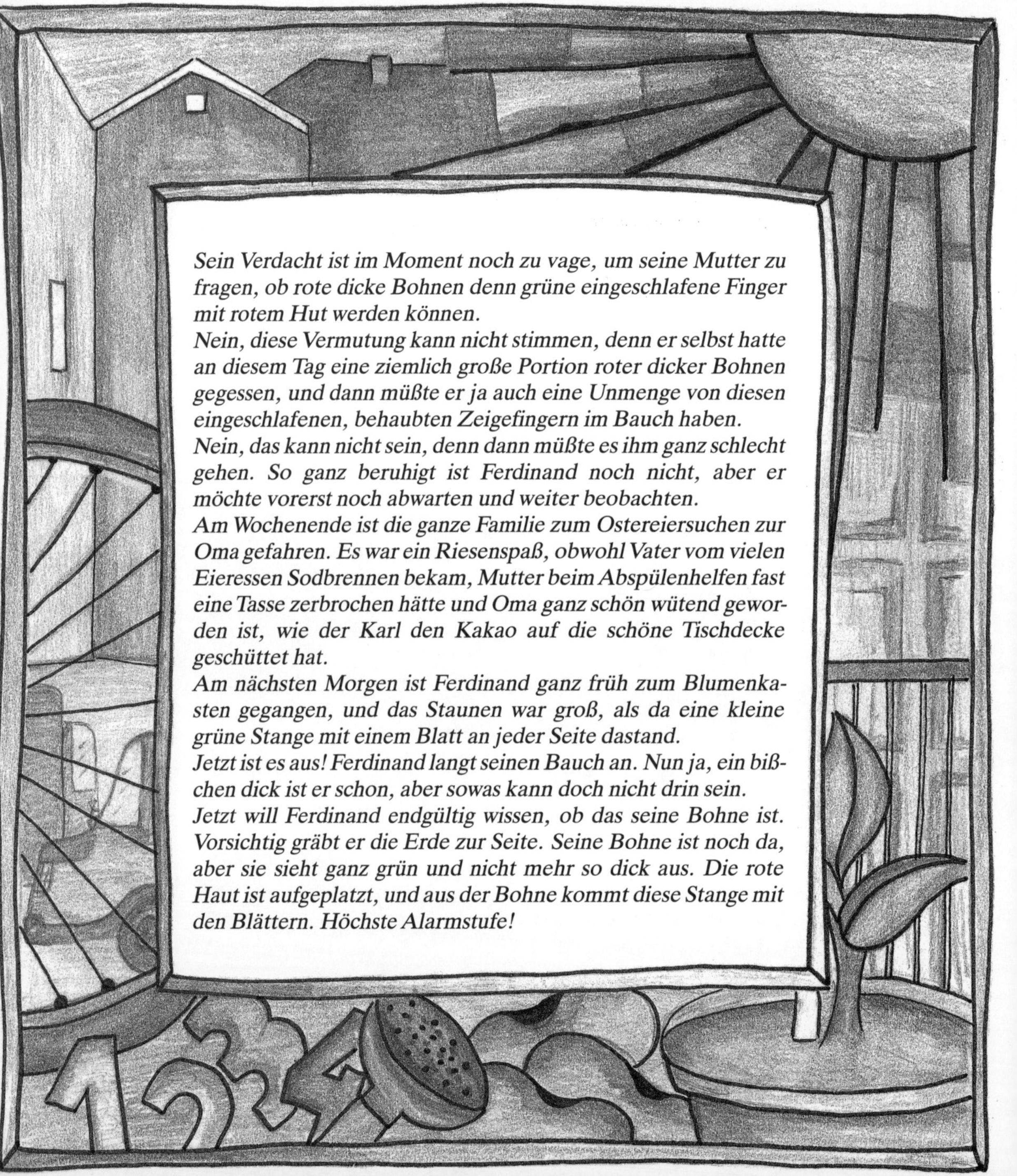

Sein Verdacht ist im Moment noch zu vage, um seine Mutter zu fragen, ob rote dicke Bohnen denn grüne eingeschlafene Finger mit rotem Hut werden können.

Nein, diese Vermutung kann nicht stimmen, denn er selbst hatte an diesem Tag eine ziemlich große Portion roter dicker Bohnen gegessen, und dann müßte er ja auch eine Unmenge von diesen eingeschlafenen, behaubten Zeigefingern im Bauch haben.

Nein, das kann nicht sein, denn dann müßte es ihm ganz schlecht gehen. So ganz beruhigt ist Ferdinand noch nicht, aber er möchte vorerst noch abwarten und weiter beobachten.

Am Wochenende ist die ganze Familie zum Ostereiersuchen zur Oma gefahren. Es war ein Riesenspaß, obwohl Vater vom vielen Eieressen Sodbrennen bekam, Mutter beim Abspülenhelfen fast eine Tasse zerbrochen hätte und Oma ganz schön wütend geworden ist, wie der Karl den Kakao auf die schöne Tischdecke geschüttet hat.

Am nächsten Morgen ist Ferdinand ganz früh zum Blumenkasten gegangen, und das Staunen war groß, als da eine kleine grüne Stange mit einem Blatt an jeder Seite dastand.

Jetzt ist es aus! Ferdinand langt seinen Bauch an. Nun ja, ein bißchen dick ist er schon, aber sowas kann doch nicht drin sein.

Jetzt will Ferdinand endgültig wissen, ob das seine Bohne ist. Vorsichtig gräbt er die Erde zur Seite. Seine Bohne ist noch da, aber sie sieht ganz grün und nicht mehr so dick aus. Die rote Haut ist aufgeplatzt, und aus der Bohne kommt diese Stange mit den Blättern. Höchste Alarmstufe!

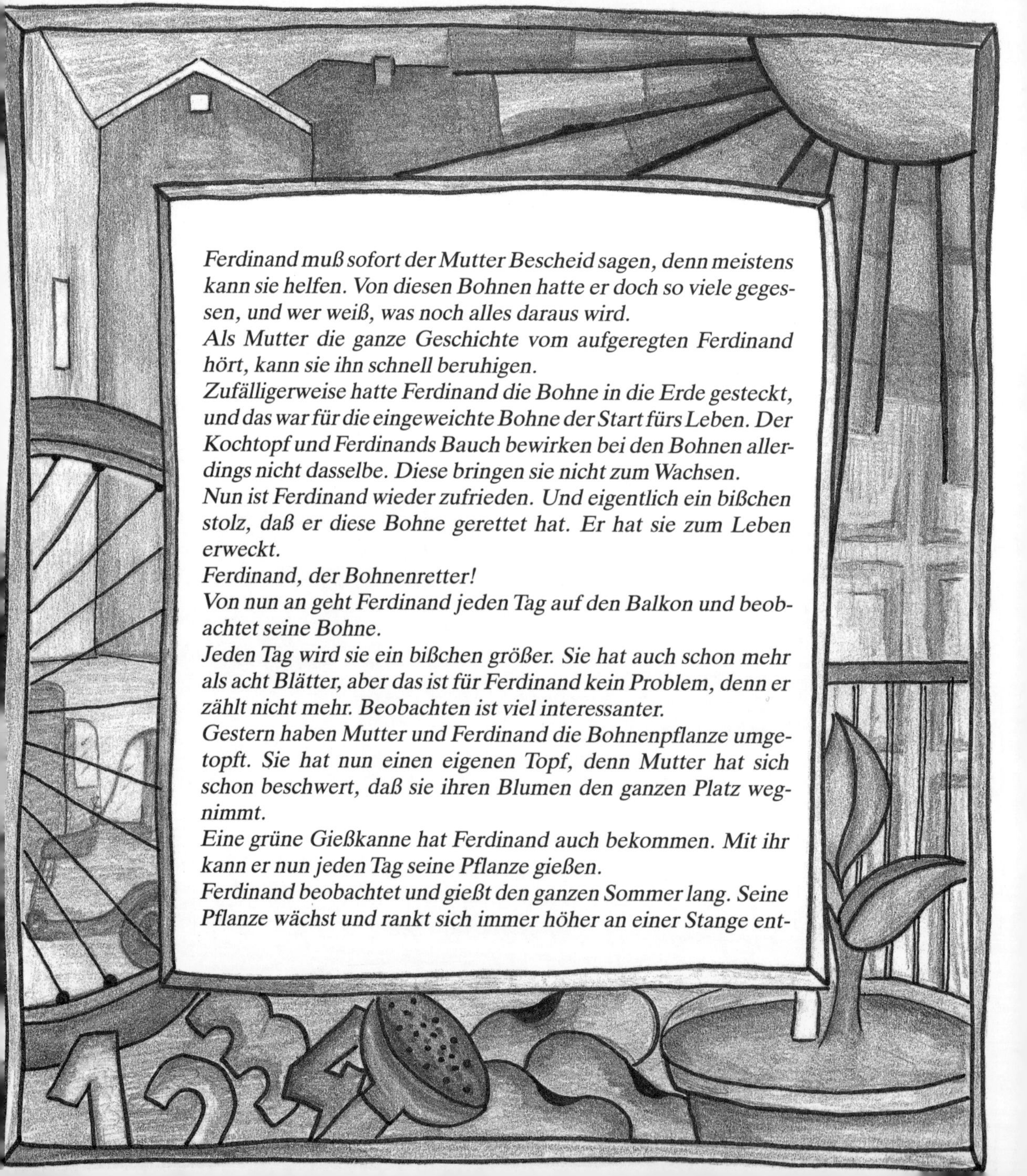

Ferdinand muß sofort der Mutter Bescheid sagen, denn meistens kann sie helfen. Von diesen Bohnen hatte er doch so viele gegessen, und wer weiß, was noch alles daraus wird.
Als Mutter die ganze Geschichte vom aufgeregten Ferdinand hört, kann sie ihn schnell beruhigen.
Zufälligerweise hatte Ferdinand die Bohne in die Erde gesteckt, und das war für die eingeweichte Bohne der Start fürs Leben. Der Kochtopf und Ferdinands Bauch bewirken bei den Bohnen allerdings nicht dasselbe. Diese bringen sie nicht zum Wachsen.
Nun ist Ferdinand wieder zufrieden. Und eigentlich ein bißchen stolz, daß er diese Bohne gerettet hat. Er hat sie zum Leben erweckt.
Ferdinand, der Bohnenretter!
Von nun an geht Ferdinand jeden Tag auf den Balkon und beobachtet seine Bohne.
Jeden Tag wird sie ein bißchen größer. Sie hat auch schon mehr als acht Blätter, aber das ist für Ferdinand kein Problem, denn er zählt nicht mehr. Beobachten ist viel interessanter.
Gestern haben Mutter und Ferdinand die Bohnenpflanze umgetopft. Sie hat nun einen eigenen Topf, denn Mutter hat sich schon beschwert, daß sie ihren Blumen den ganzen Platz wegnimmt.
Eine grüne Gießkanne hat Ferdinand auch bekommen. Mit ihr kann er nun jeden Tag seine Pflanze gießen.
Ferdinand beobachtet und gießt den ganzen Sommer lang. Seine Pflanze wächst und rankt sich immer höher an einer Stange ent-

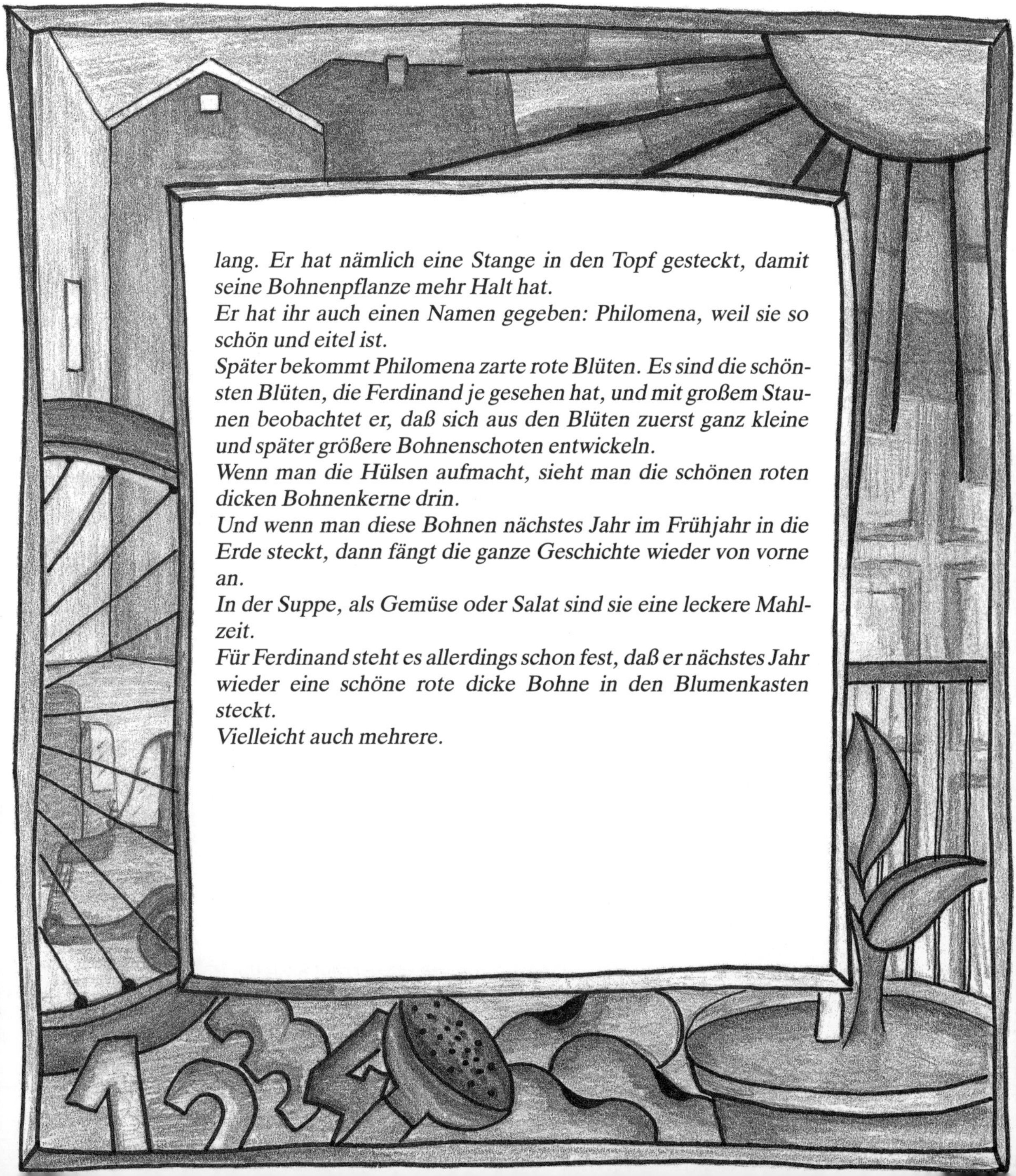

lang. Er hat nämlich eine Stange in den Topf gesteckt, damit seine Bohnenpflanze mehr Halt hat.

Er hat ihr auch einen Namen gegeben: Philomena, weil sie so schön und eitel ist.

Später bekommt Philomena zarte rote Blüten. Es sind die schönsten Blüten, die Ferdinand je gesehen hat, und mit großem Staunen beobachtet er, daß sich aus den Blüten zuerst ganz kleine und später größere Bohnenschoten entwickeln.

Wenn man die Hülsen aufmacht, sieht man die schönen roten dicken Bohnenkerne drin.

Und wenn man diese Bohnen nächstes Jahr im Frühjahr in die Erde steckt, dann fängt die ganze Geschichte wieder von vorne an.

In der Suppe, als Gemüse oder Salat sind sie eine leckere Mahlzeit.

Für Ferdinand steht es allerdings schon fest, daß er nächstes Jahr wieder eine schöne rote dicke Bohne in den Blumenkasten steckt.

Vielleicht auch mehrere.

Unser Müll Bei unserem Rundgang durch den Haushalt soll nun dem Inhalt der Abfalleimer, die in jedem Zimmer so dezent plaziert sind, etwas Aufmerksamkeit geschenkt werden. Gerade auf diesem Gebiet ist die öffentliche Auseinandersetzung besonders gut zu verfolgen. Angesichts der nicht mehr zu bewältigenden Müllberge ist jedem die Notwendigkeit von Maßnahmen klar. Viele Ansatzpunkte zum Handeln werden aufgezeigt. Wiederverwerten von Wertstoffen ist in aller Munde. Nur zeichnet sich bereits der Trend ab, daß so viele Wertstoffe gar nicht von der Industrie abgenommen werden können. Auf dem Altpapiermarkt ist aufgrund unserer Sammelleidenschaft der Preis ständig gesunken. Es soll aber keineswegs in Abrede gestellt werden, daß Wiederverwertung und Recycling wichtige Schritte zur Verkleinerung unseres Müllbergs sind.

Konsumgewohnheiten Das Hauptproblem liegt jedoch nach wie vor in unseren Konsumgewohnheiten. Beim Kauf einer Ware erwerben wir auch die zugehörige Verpackung. Da wir bei der Ware meist strenge Maßstäbe anlegen, bevor wir sie kaufen, sollten wir dies bei der Verpackung, die ein Teil davon ist, auch tun. Aufwendig, sogar vielfarbig lackierte Getränkedosen überschreiten den Wert ihres Inhaltes um ein Vielfaches. Einwegflaschen, die zwar über den Glascontainer wiederverwertet werden können, erfüllen ihren Zweck auch nicht besser als Pfandflaschen. In Kunststoff eingeschweißte Kleinartikel, wie zum Beispiel Radiergummis oder Rasierklingen, zeigen unsere Leidenschaft für Verpackung. Es soll hier nur angedeutet werden, daß die Probleme der wachsenden Müllberge letztlich auf unsere Kosumentscheidungen zurückzuführen sind und wiederum unser ökologisches Verantwortungsgefühl gefordert ist.

Lernen durch Vorbild In diesem Themenbereich offenbart sich besonders die prinzipielle Schwierigkeit der Umwelterziehung: Die Kinder trifft keine Verantwortung für unsere bisherigen Wegwerfgewohnheiten. Nur unser Umdenken macht es möglich, die Kinder für die Problematik zu sensibilisieren. Im Vergleich zu den bisher angesprochenen Aspekten ist hier unsere Aufgabe, als Vorbild zu dienen, am größten. Das Lernen am Vorbild, ohnehin in dieser Altersklasse von großer Bedeutung, muß der Schlüssel sein, um die Aufmerksamkeit auf dieses Thema zu lenken.

Leichtfertiger Umgang mit Verpackungsmaterial und großzügiges Verwenden von Einwegartikeln erschweren spätere Bemühungen, den Müllanfall zu reduzieren. Um nun nicht im allgemeinen stecken zu bleiben, wenden wir uns am besten unserem eigenen Mülleimer zu. Wir sollten uns nicht scheuen, unseren

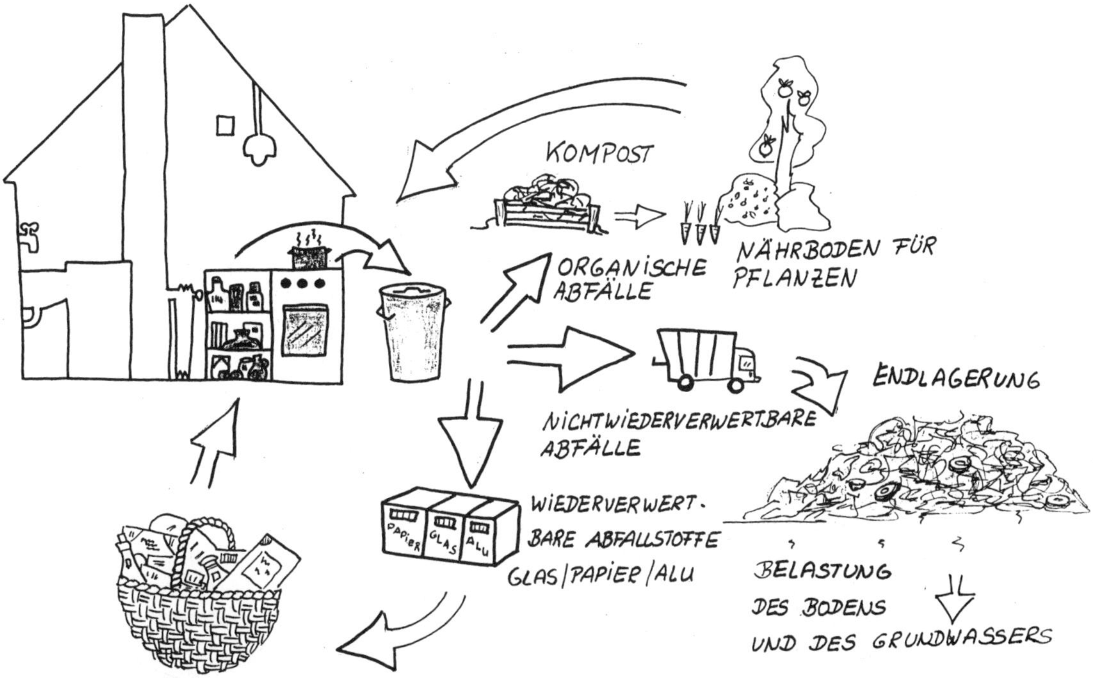

Abfall einmal gründlich zu inspizieren und auf seine Zusammensetzung hin zu untersuchen. Vergleichen wir dies mit dem durchschnittlichen Müllaufkommen der Bevölkerung, so können wir erste Anhaltspunkte zur Beurteilung unseres Verhaltens gewinnen:
Inwieweit befinden sich wiederverwertbare Stoffe, wie Glas, Aluminium, Papier, ... in unserer Tonne? War es überaupt notwendig, diese Materialien einzukaufen, oder wäre es möglich gewesen, z.B. durch den Kauf von Mehrwegbehältern, diese zu ersetzen? Der gute alte Einkaufskorb ist jeder Plastiktüte überlegen, deren Henkel bei schwerer Belastung bedenklich länger werden.

Firmen anschreiben!

Es lohnt sich bei besonders aufwendiger Verpackung, sich bei der Herstellerfirma schriftlich nach deren Sinn zu erkundigen. Sprechen wir uns dabei mit mehreren Tagesstätten und Elternbeiräten zu einer gemeinsamen Briefaktion ab, so wird der Hersteller in vielen Fällen bemüht sein, seine Verpackungsvorliebe zu überdenken. Aus eigenen Erfahrungen kann ich nur zu diesem Schritt ermutigen, da die angeschriebenen Firmen oft überraschend positiv reagiert haben.

Eine weitere Quelle für Verpackungsmüll ist auch die Einwickelei der von den Kindern mitgebrachten Brotzeit. Alufolie und Plastiktüten lassen sich gut durch Butterbrotpapier ersetzen. Ein gemeinsames Vorgehen mit den Eltern kann hier helfen, Rohstoffe zu schonen.

Organisches

Nach dem Verpackungsmaterial, das mengenmäßig den größten Anteil ausmacht, widmen wir uns den anderen Inhaltsstoffen unseres Müllberges. Organische Abfälle, wie Küchen- und Gartenabfälle, haben in der Tonne eigentlich nichts zu suchen. Wie wir schon beim Garten die Vorteile des Komposthaufens erkannt haben, so leistet er auch jetzt gute Dienste. Wir sollten den Kompost aber nicht als Mülldeponie für organische Stoffe begreifen, sondern als Produktionsstätte für wertvolle Gartenerde und Lebensraum für Kleintiere.

Farben und Klebstoffe

Wir produzieren aber auch selber Müll. Für die Erwachsenen gilt es, in ihrem Arbeitsbereich Möglichkeiten zur Müllvermeidung ausfindig zu machen, besonders dann, wenn sie es mit gefährlichen Stoffen zu tun haben. Im „Arbeitsbereich" der Kinder trifft im Prinzip das gleiche zu. Als Erzieher regen wir zur Beschäftigung und zum Basteln an. Hierbei vergessen wir nur zu leicht, die verwendeten Materialien auf ihre Umweltverträglichkeit zu überprüfen. Farben und Klebstoffe sind mit besonderer Vorsicht zu genießen. Die in ihnen enthaltenen Lösungsmittel belasten nicht nur unsere Umwelt, sondern sind zum Teil sogar gesundheitsschädlich.

Besonders augenfällig ist dies am Beispiel der Filzstifte. Ihre kurze Lebensdauer und ihr Nutzwert stehen in keinem Verhältnis zu ihren Nachteilen. Die Kunststoffhülle verrottet kaum, und die in ihr verbliebenen Reste belasten aufgrund ihrer Giftigkeit noch die Umwelt.

Hier öffnet sich ein großer Bereich, in dem viele Verbesserungen nur darauf warten, entdeckt zu werden. Die Freude am Basteln und Werken sollte nicht durch einen verantwortungslosen Umgang mit chemischen Hilfsmitteln zerstört werden. Naturprodukte als Grundlage für kreatives Gestalten und selbsthergestellte Farben oder Kleister vermehren nicht den Müllberg und bereiten obendrein durch ihre Lebendigkeit größeres Vergnügen bei ihrer Bearbeitung. Beim Färben der Ostereier z.B. wird es sicher reizvoller sein, auch die Herstellung der Farben selber zu übernehmen als auf gekaufte Fertigprodukte zurückzugreifen. Dadurch werden Selbsttätigkeit und Phantasie gestärkt und nebenbei das Müllaufkommen verkleinert. In der Literatur zum kreativen Gestalten findet sich eine Fülle von Anregungen und umweltverträglichen Alternativen zu gekauften Hilfsmitteln.

Die lieben Gewohnheiten

So läßt sich nahezu jeder Lebensbereich auf unser Müllverhalten untersuchen, seien es nun unsere Einkaufsgewohnheiten bei Lebensmitteln oder unser Verhalten in Arbeit und Freizeit. Es soll hier nur aufgezeigt werden, wie die Müllproblematik mit unseren Gewohnheiten verwoben ist und wie wir uns an die Entflechtung wagen können. Die Vermeidung von Müll, der ein ausschließlich menschliches Phänomen ist, ist an unsere Bereitschaft geknüpft, die Stoffkreisläufe der Natur in unser Denken miteinzubeziehen. Es liegt daher an uns, immer wieder das eigene Verhalten auf diese Probleme hin zu untersuchen und gemeinsam mit den Kindern Verbesserungen vorzunehmen.

Zisch

Eine Müllgeschichte

„Autsch, das hat aber weh getan!"
Aus dem Metallklumpen hat eine riesengroße Maschine eine Dose gepreßt.
„Was soll denn das überhaupt?
Ich hatte doch so ein recht gemütliches Leben. Da walzt und drückt mich dieses Unding einfach auseinander.
Hmm, aber so schlecht steht mir das gar nicht. Ich bin jetzt glatt, abgerundet und glänze wie eine Weihnachtskugel."
Nun werden die Dosen angemalt. Ein Förderband bringt sie zu den verschiedenen Farbdüsen. „Halt, nicht so stürmisch! Jetzt kommen auch noch Spritzen und Schläuche auf mich zu. Sie besprühen mich zuerst mit weißer, dann gelber, dann grüner, dann brauner und dann mit schwarzer Farbe.
Das war jetzt ganz schön naß, aber etwas Farbe ist ganz gut für mein Aussehen."
Um den Lack schneller zu trocknen, kommen die Dosen in eine Trockenkammer.
„Lang halte ich das in diesem Ofen nicht mehr aus. Es ist so furchtbar heiß und windig hier.
Na, jetzt scheint es ja weiterzugehen.
Hier sind alle so um mein Aussehen bemüht, daß ich richtig eitel werden könnte. Aber, was ist jetzt?

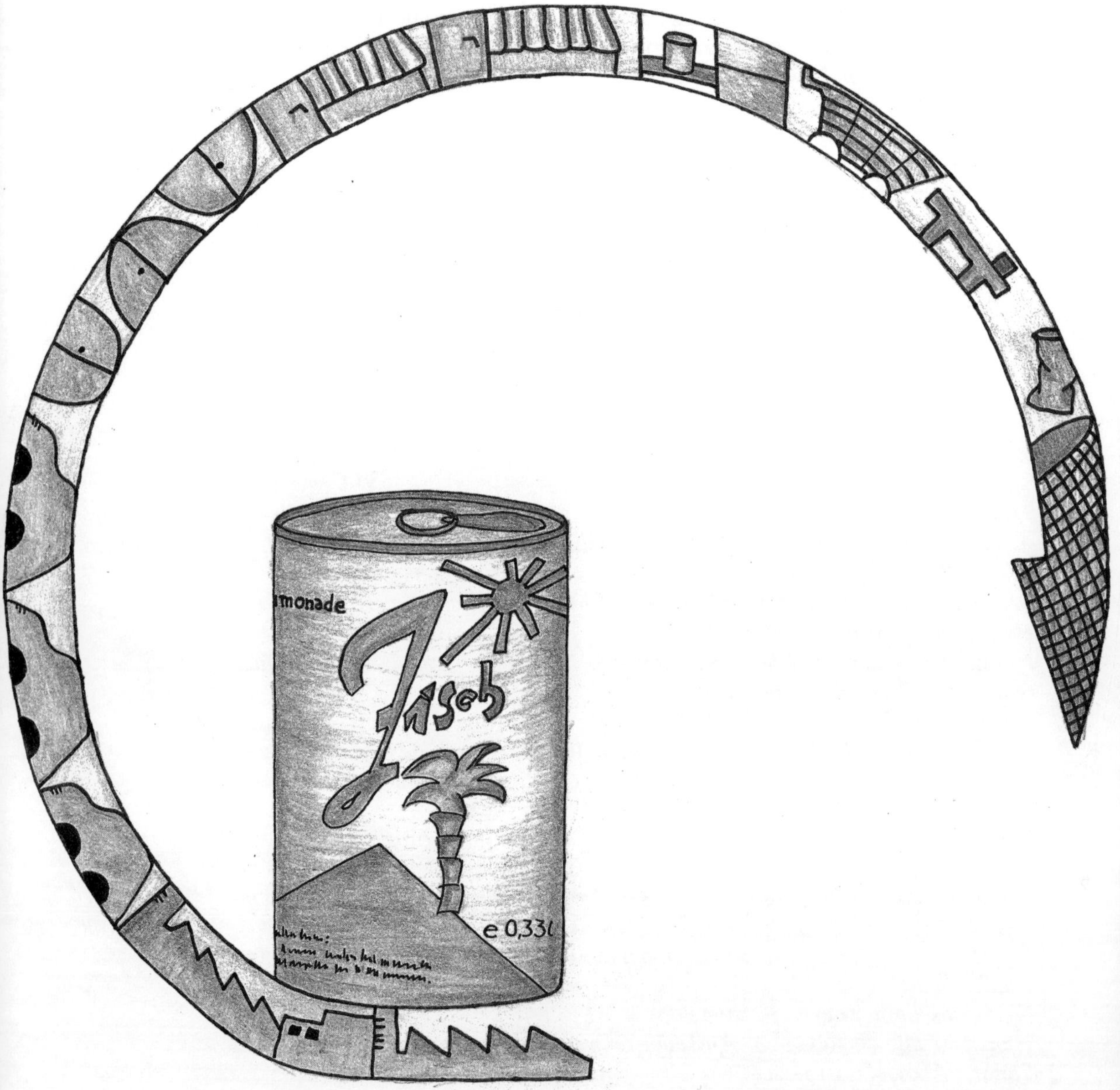
monade

Ein großer unverschämter Greifarm packt mich und befüllt mich mit einer gelben Flüssigkeit, und eine große Zange verpaßt mir dann auch noch einen Deckel!
Ich weiß gar nicht, wozu sie mir diese Flüssigkeit eingefüllt haben.
Die Förderbänder werden langsamer, und das Licht ist nicht mehr so hell. Es ist eigentlich ein bißchen schade, denn durch das helle Licht kamen meine Farben besser zur Geltung. Aber auch so sehe ich fabelhaft aus."
Am Ende des Förderbandes werden die mit „ZISCH" Orangenlimonade befüllten Dosen in Kartons verpackt und ins Lager gebracht.
Es ist ein riesengroßes Lager. Überall stehen Kartons. Männer in blauen Mänteln schwirren umher und tragen Kartons in die vielen Lastwagen, die vor dem Lager geparkt haben.
Unsere Dose ist bei einer Lieferung für das Kaufhaus dabei.
In der dritten Reihe des zweiten Regals in der Getränkeabteilung hat man sie aufgestellt. Sie strahlt und glänzt im künstlichen Licht und ist mächtig stolz, so einen Platz bekommen zu haben.
„Schau an, da kommt schon wieder jemand vorbei. Bestimmt will er mich bewundern.
Nein, er ist vorbeigegangen!
Jetzt kommen zwei, und sie bleiben stehen!
Oh, sollte ich mich ein wenig drehen, damit sie mich besser betrachten können?"
Tobias verhandelt noch schnell mit seiner Mama, und dann darf er die Dose mitnehmen.
„Habt ihr das gesehen?
Der kleine Tobias nimmt mich mit!
Er mag mich!
Ich glaube, ich mag ihn auch. Es wird bestimmt eine gute Freundschaft.
Bei ihm zuhause angekommen, stellt er mich auf den Tisch und läßt mich nicht mehr aus den Augen.
'Erst nach dem Essen!', hat seine Mutter gesagt.
Was sie wohl damit meinte?"

Nach dem Essen durfte Tobias dann sein „ZISCH" trinken. Die leere Dose warf er dann in den Mülleimer.
Nicht zu glauben! Der ganze Aufwand, nur um im Mülleimer zu landen.

Energie im Haushalt

Ein weiterer höchst aktueller Punkt unseres Haushaltsrundganges ist der Gebrauch von Energie.

Spielerisch Informationen sammeln

Im gezielten Frage- und Antwortspiel führen wir die Kinder an die verschiedenen Formen der Energie heran und versuchen, Beispiele zu sammeln. Physikalische Genauigkeit kann dabei natürlich nicht das Ziel sein. Die Kinder sollen lediglich einige grundlegende Erscheinungen kennenlernen, die sie im täglichen Leben berühren. Als erstes werden wir wahrscheinlich an die elektrische Energie, wie sie aus der Steckdose kommt, denken. Durch verschiedene Geräte wandeln wir diese für unsere Zwecke um. Sei es in Wärmeenergie wie im Bügeleisen oder in Bewegungsenergie wie im Staubsauger oder Küchenquirl. Am Beispiel des elektrischen Stroms läßt sich die Umwandelbarkeit von unterschiedlichen Energiearten gut veranschaulichen. Unsere Geräte verwandeln Strom in Wärme und Bewegung. Sammeln wir nun weitere Quellen, mit denen wir Wärme oder Bewegung erzeugen können. Hier werden wir die Stichworte Sonne, Benzin, Wasser... hören.

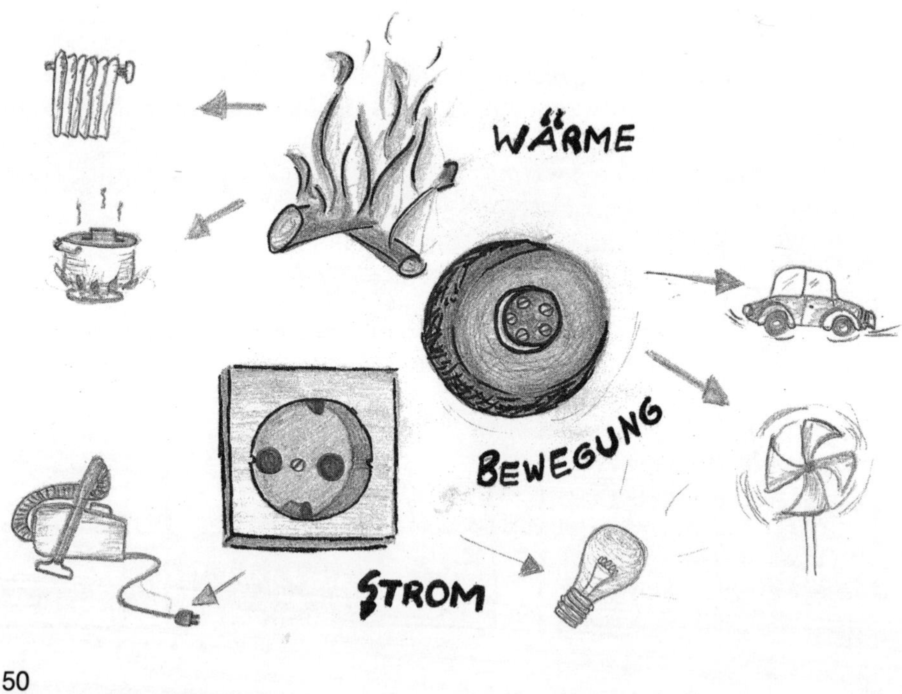

Sensibilisierungsübung

Dieser gemeinsame Wissensstand, daß es verschiedene Erscheinungsformen und verschiedene Quellen von Energie gibt, sollte als Basis genügen. Im Rahmen unserer Umwelterziehung ist der Umgang mit diesen Energiequellen von größerer Bedeutung. Zwar verleitet die Steckdose, aus der auf Abruf Energie in fast beliebigen Mengen kommt, zum gedankenlosen Einschalten von allen möglichen Geräten oder Lichtquellen. Um nun etwas mehr Sensibilität für unseren Verbrauch zu gewinnen, ist es am besten, selbst zu probieren, auf irgendeine Weise Energie zu bekommen, sei es nun Wärme oder Bewegungsenergie. Wir werden sehr erstaunt sein, welcher Mühe es bedarf, selbst kleine Mengen Energie zu erzeugen. Diese Erfahrung wird uns am ehesten weiterhelfen, wenn es um sparsame Nutzung geht.
Die ständige Verfügbarkeit suggeriert einen nicht vorhandenen Überfluß. Auch die Wirkungen dieses Mißbrauchs sind nicht im direkten Zusammenhang beobachtbar, wie etwa die Eingriffe in den eigenen Garten, so daß wir nur allzu leicht geneigt sind, die Konsequenzen für die Umwelt zu übersehen.

Versuche zur eigenen Energieerzeugung

Darum nun einige Anregungen für Versuche zur eigenen Energieerzeugung:
Wie diese einfachen Versuche zeigen, bedarf es ganz schöner Kräfte, um die Versorgung eines Haushaltes mit Strom und Wärme zu erbringen. Daß die Erzeugung dieser Kräfte Probleme für die Natur mit sich bringt, weil dafür riesige Kraftwerke gebaut werden müssen, ist dann auch für Kinder ersichtlich.

Wärme entsteht nicht nur im Heizkörper:

Hand fest an der Schulter reiben

und sie rasch an die Backe halten

oder Holzstäbe aneinander reiben!

Strom kann Gegenstände in Bewegung bringen:

Mit einfachem Plastikstab an der Kleidung hin- und herreiben, und die Haare laden sich auf; die Kräfte im Stab ziehen sie hoch.

Bewegung kann ganz schön anstrengend sein:

Radfahren... Laufen... oder Gehen.

Konsequenzen

Diese Einsichten aufgrund der eigenen Erfahrung sind nun wieder umzusetzen in eigenes Handeln. Wie bereits in den vorigen Abschnitten soll wieder unser Einflußbereich auf mögliche Verbesserungen hin untersucht werden. Z.B.: Welche Räume müssen im Winter nicht auf volle Zimmertemperatur geheizt werden? Beleuchten wir Räume überflüssigerweise? Sind elektrische Geräte für jede Haushaltsarbeit nötig? Ist es möglich, daß sich die Eltern, wenn sie ihre Kinder mit dem Auto abholen, zusammenschließen und Fahrgemeinschaften bilden? Auch hier seien nur Anstöße gegeben, um Möglichkeiten für weitere Aktivitäten aufzuspüren.

Konkret und speziell!

Es zeigen sich die Grenzen dieses Büchleins, da Umwelterziehung letztlich nicht mit von außen aufgesetzten Rezepten verwirklicht werden kann, sondern die Ideen jeweils aus der ganz speziellen Umgebung entspringen müssen. Hier können nur grundlegende Schritte und immer wiederkehrende Gedankengänge referiert werden, aber die Realisierung ist ganz und gar von den Gegebenheiten der Praxis abhängig.
Daher seien im folgenden für den flüchtigen Leser noch einmal die Grundzüge und Ansatzpunkte des praktischen Vorgehens, wie sie in den Beispielen aus dem Haushalt der Kindertagesstätte gezeigt wurden, zusammengefaßt.

Zusammenfassung

Wie das Beispiel des Haushaltes verdeutlichen sollte, ist ein vernetztes System von ineinandergreifenden Untersystemen geprägt. So läßt sich der Haushalt in mehrere Kreisläufe untergliedern, die exemplarisch aufgezeigt wurden. Diese Untergliederung und das Aufzeigen der Zusammenhänge in ihrer gegenseitigen Abhängigkeit ist die Hauptanforderung, wenn wir dem Grundgedanken der Vernetztheit und Ganzheitlichkeit gerecht werden wollen.

Wir haben verschiedene Methoden kennengelernt, in denen wir auch unsere Eingebundenheit in dieses System erfahren konnten. Geschichten, aber auch Versuche haben deutlich gemacht, wie abhängig wir sind und wie abhängig das gesamte System von unserem Verhalten ist. Dies hat gezeigt, welche Verantwortung wir mit unserem Handeln übernehmen. Daß wir sie auch bewußt empfinden und tragen können, ist die Aufgabe unserer Bemühungen. In diese Vernetztheit ist auch unser erzieherisches Wirken eingebunden. Das heißt konkret, daß das gesamte soziale Umfeld in unserem Handeln zu berücksichtigen und miteinzubeziehen ist. Die Elternarbeit als tragende Säule der Umwelterziehung im Kindergarten ist Ausdruck dieses ganzheitlichen Ansatzes.

Andreas Nachmittag

„Andrea, geh doch bitte raus und spiel draußen, du weißt doch, daß ich noch den Kuchen backen und staubsaugen muß, außerdem möchte ich noch meine Haare fönen und die Wäsche bügeln.

Ach ja, und mach bitte das Radio etwas leiser und schalte den Fernseher aus, wenn du gehst!“

Andrea packt ihre Rollschuhe, aber richtig Lust hat sie keine.

Von den anderen ist heute auch keiner im Park.

Sie setzt sich auf die Bank und schaut den Kleinen beim Sandspielen zu.

Auch eine Frau sitzt auf der Bank. Sie liest. Ihr Fahrrad lehnt am Baum. Sie bemerkt Andrea erst, als sie in ihre Tasche greift, um einen Apfel herauszuholen.

„Ah, da sitzt ja auch noch jemand!

Guten Tag, kleines Fräulein! Möchtest du auch einen Apfel?“

Andrea schüttelt nur schüchtern den Kopf.

„Ich heiße Alberta, und wie heißt du?“

„Andrea.“

„Andrea, das ist ein schöner Name!“

Alberta rückt ihren übergroßen Strohhut beiseite, und einige freche graue Haare fallen in ihr freundliches Gesicht. Sie streicht sie zur Seite.

„Na Andrea, dir ist wohl langweilig, wie?

Weißt du, wir haben einfach viel zu oft keine Zeit, Zeit zu haben, und wir wissen viel zu oft nicht, was wir tun können, obwohl es so viele Sachen zu tun gibt. Früher hat man tun müssen, was getan werden mußte, und nur wenige hatten Zeit, das zu tun, was sie tun wollten. Einige von ihnen haben Erfindungen gemacht, die uns das Leben leichter machen. Wir haben überall Licht, wo es dunkel wäre, wir haben einen Fernseher, der uns Bilder zeigt, die wir sonst nie

gesehen hätten. Wir haben Autos, die uns in wenig Zeit über weite Strecken bringen, aber wir haben weniger Zeit, alles zu erleben.
Früher, wenn man irgendwo hingegangen ist, da hatte man meistens einen langen Weg vor sich, man hörte die Vögel im Frühling, man spürte die Kälte, wenn man durch den Wald ging, oder man sah die Sterne im Himmel bei Nacht …
Ach, Andrea, ich rede und rede, und du verstehst kein Wort!“
Andrea schweigt. Sie hört die Vögel im Baum und laute Kinderstimmen.
„Hast du die Vögel gesehen?“
„Nein.“
„Sie wohnen dort oben. Sie haben sich ein Nest gebaut!“
„Hast du sie schon mal gesehen?“
„Ja, aber durch die vielen Blätter sieht man sie selten. Nur wenn sie wegfliegen. Man muß schon lange raufschauen.“
„Bist du öfter hier?“
„Wenn mir danach ist, dann komme ich.“
„Schau mal, jetzt fliegt einer der Vögel davon. Bestimmt will er Futter holen!“
Andrea und Alberta verfolgen den Vogel mit den Augen.
„Der Vogel geht Futter holen. Und ich muß auch schon nach Hause, es wird schon dunkel, und meine Hühner warten schon auf mich. Vielleicht treffen wir uns wieder hier!“
Andrea schaut ihr noch lange nach, bis sie mit ihrem Fahrrad verschwindet, dann schaut sie noch einmal rauf auf den Baum.
Sie nimmt ihre Rollschuhe und macht sich auch auf den Heimweg. Mutter wartet bestimmt schon auf sie.
Während sie geht, hört sie die Motoren der Autos auf der Straße. Sie spürt den kühlen Wind des Abends, bemerkt den aufgehenden Mond und denkt daran, daß Alberta vielleicht morgen wieder da ist.
Daß Alberta wahrscheinlich schon bei ihren Hühnern ist.

Einsatz von Medien und Arbeitshilfen

Wie auf jedem neuen Gebiet ist die Zahl der angebotenen Medien und Arbeitsmittel in kurzer Zeit sehr groß geworden, es sind also bestimmte Auswahlkriterien zu finden. Grundsätzlich ist ein Medium ein Mittel, das zwischen die Realität und die wahrnehmende Person geschaltet ist. Es muß also klar sein, daß jeder Einsatz eines Mediums, sei es Buch, Film oder technisches Hilfsgerät, die Realität verändert und nur einen bestimmten Ausschnitt wiedergibt. Eine ganzheitliche Wahrnehmung mit allen Sinnen ist nicht mehr möglich. In dem Bereich der Umwelterziehung, in dem besonderer Wert auf das direkte Erleben gelegt wird, ist daher der Medieneinsatz von einer gewissen Problematik. Dies ist nur dann in Kauf zu nehmen, wenn dadurch ein anderer Effekt sinnvoll verstärkt werden kann. Beispielhaft sollen einige Medien auf ihre Eigenschaften hin untersucht werden, um die Entscheidung für ihren Einsatz zu erleichtern.

Printmedien (Bücher, Zeitschriften, etc.)

Bücher sind von der Realität am weitesten entfernt. Ihre Bilder sind Momentaufnahmen, die vom Autor zur Ergänzung des Textes bestimmt sind. Die Sprache überträgt die Realität auf eine begriffliche Ebene und gibt die Sicht des Verfassers wieder. Bücher eignen sich überhaupt nicht, um Erfahrungen mit der Umwelt zu sammeln. Ihre Vorzüge liegen auf ganz anderem Gebiet. Sie erzählen Geschichten, die die Phantasie anregen, oder lenken die Aufmerksamkeit auf bestimmte Sachverhalte. Sie können Wissen in prägnanter Weise übermitteln, wobei sie auf Unwesentliches verzichten oder aber in gründlicher Darstellung kurze Augenblicke verdeutlichen.
Daraus folgt, daß Bücher dann eingesetzt werden können, wenn nur Ausschnitte der Realität betont werden sollen. Ein gutes Beispiel sind Bestimmungsbücher. Ihnen geht es darum, die charakteristischen Teile einer Pflanze oder eines Tieres darzustellen. Das restliche Umfeld wird in den Hintergrund gestellt, um dadurch das Erkennen der gesuchten Pflanzenart zu erleichtern. Ein weiterer Vorzug dieser selektiven Darstellung besteht darin, daß ihre Art und Weise den Bedürfnissen des angesprochenen Lesers angepaßt ist. Kinderbücher geben die Realität in einer altersgerechten Weise wieder, ohne den Leser oder Betrachter mit zuviel Details zu überfordern. In unserem Zusammenhang sind Bücher eher als ergänzendes Hilfsmittel zu werten, da der

direkte Kontakt im Vordergrund steht. Sie geben Erklärungen für auftauchende Fragen oder Zusammenhänge, die nicht direkt beobachtbar sind, z.B. in Form einer Geschichte wieder.

Filme, Fotos, Bildmaterial

Diese Medien sind der Realität ein ganzes Stück näher als das Buch. Sie vermitteln fertige Bilder, die geschriebene Geschichten dem Leser vorenthalten. Zu leicht werden aber Bilder mit der Realität gleichgesetzt, und es wird vergessen, daß der Fotograf seine Einstellungen genau überlegt und ihm Unwichtiges wegläßt. Beim Betrachten von Naturaufnahmen fällt die Manipulation leicht auf. Blauer Himmel und strahlender Sonnenschein sind meist obligatorischer Hintergrund von Landschaftsbildern, wogegen graue Kamine und ihre Rauchschwaden erst bei trübem Wetter für den Fotografen richtig zur Geltung kommen.
Prinzipiell bedeutet dies, daß der Manipulationsgrad von Filmen und Bildern leicht unterschätzt wird und deshalb genau überlegt werden muß, ob die präsentierte Darstellung auch unserer Sicht entspricht. Ein weiterer kritischer Punkt besonders bei Filmen ist der ohnehin schon große Konsum durch das Fernsehen, der in der Kindertagesstätte nicht unbedingt ausgebaut werden sollte.

Arbeitsmittel

Hier möchte ich diejenigen Medien ansprechen, die als Hilfsmittel zur Erweiterung des Erfahrungsbereiches dienen. Sie können Gegenstände, die betrachtet werden sollen, für uns besser sichtbar machen: Lupe und Fernglas sind für Kinder sehr gut geeignete Hilfsmittel, um ihr Interesse auf bestimmte Objekte zu lenken. Der „Forscherdrang“ wird durch die Anwendung dieser Werkzeuge oft erst richtig geweckt. Untersuchen wir beispielsweise die Lebewesen unseres Komposthaufens, wird die Begeisterung deutlich höher sein, wenn wir, mit Lupen bewaffnet, die Welt der Kleinlebewesen entdecken. Ebenso ist das Beobachten brütender Vögel mit einem Fernglas für uns wesentlich einfacher und für das Brutpaar schonender.
Vergleichend läßt sich feststellen, daß die einzelnen Medien unterschiedlich weit von der Realität entfernt sind. Verbale Kodierungsformen wie Bücher, Zeitschriften etc. sind am meisten durch Subjektivität geprägt, wogegen Bilder, Filme oder Tondokumente die Wirklichkeit analog abbilden.
Medien helfen, die Wirklichkeit aus der Distanz zu betrachten, unseren Erfahrungshorizont zu erweitern oder bestimmte Phänomene isoliert zu beobachten.

Wenn wir uns den Einsatz von Medien überlegen, ist immer der gewünschte Zweck das Hauptkriterium. Die prinzipielle Reduktion der Wirklichkeit darf nicht auf die leichte Schulter genommen werden, da für uns die ganzheitliche Betrachtung im Vordergrund steht. Emotionen werden zu leicht mitreduziert, und die persönliche Beziehung zu einem Tondokument ist meist von recht oberflächlicher Art.

Literaturhinweise

Bücher

Beer, W./de Haan, G.: Ökopädagogik, Weinheim und Basel 1984
Cornell, J.B.: Mit Kindern die Natur erleben, Oberbrunn 1979
Friedrich, G.: Ökologie und Bibel, Stuttgart 1982
Kreuter, M.-L.: Der Biogarten, München 1981
Mertens, G.: Umwelterziehung. Eine Grundlegung ihrer Ziele, Paderborn 1989
Michelsen, G./Siebert, H.: Ökologie lernen, Frankfurt am Main 1985
Schmidbauer H./Hederer, J.: Erlebnisraum Wald, München 1991
Vester, F.: Wasser = Leben, Ravensburg 1987
Wucherpfennig, P.: Umweltwerkbuch, Reinbek 1986

Informationsmaterial

zu den einzelnen Bereichen
meist kostenlos erhältlich bei:

Aktionszentrum Umweltschutz, 1000 Berlin 19, Theodor-Heuss-Platz 7

Bayer. Staatsministerium für Landesentwicklung und Umweltfragen, 8000 München 81, Rosenkavalierplatz 3

Bund Naturschutz in Bayern e.V., 8000 München 22, Schönfeldstr. 8

Deutsche Umweltaktion e.V., 4000 Düsseldorf 1, Heinrich-Heine-Allee 23

Landesbund für Vogelschutz in Bayern (LBV) e.V., 8000 München 5, Rumfordstr. 16

Umweltbundesamt, 1000 Berlin 33, Bismarckplatz 1

Umweltschutzreferat der Landeshauptstadt München, 8000 München 2, Bayerstr. 28

Reihe: **Die Kindertagesstätte**

Grundlagen – Inhalte – Methoden
Hrsg. von Josef Hederer

In der gleichen Ausstattung sind bisher erschienen:

Ingeborg Becker-Textor

Der Dialog mit den Eltern

Sinnvolle Elternarbeit zugunsten des Kindes erfordert gegenseitige Offenheit: Einblick gewähren in Ziele und Methoden der Arbeit in Kindergarten und Hort, aber auch in Familie und Elternhaus. Hervorragende praktische Anregungen.

72 Seiten, zahlreiche Kinderzeichnungen, kartoniert, ISBN 3-7698-0691-3

Max Kläger

Malen und Zeichnen

Die bildnerische Entwicklung des Kindes wird an beispielhaften Arbeiten konkret gezeigt. Ihr wird das Verhalten des Erziehers zugeordnet. Bildnerische Verfahren werden besprochen und Beispiele für die Praxis vorgestellt. Erklärungen der Fachausdrücke runden das Ganze ab.

56 Seiten, 25 ganzseitige Abb., davon 6 vierfarbige, kartoniert, ISBN 3-7698-0690-5

Die Reihe wird fortgesetzt.
Zu beziehen durch jede Buchhandlung.

DON BOSCO VERLAG